단기간에 팔로워를 늘릴 수 있는 숏폼 제작 노하우

# 인스타그램 릴스 마케팅

허지영 지음

#숏폼영상
#릴스
#인스타그램
#릴스마케팅

## 저자소개

### 허지영
숏폼 영상 전문강사

일상의 조각을 기록하고 그 조각으로 자신의 작품을 만드는 크리에이터 엄마입니다.

스마트폰만을 이용해 영상을 제작하고 강의합니다. 1인 미디어 크리에이터를 양성하는 일에 시작한지 5년째, 영상제작을 통해 일상의 재미를 찾고 커리어를 만들어가는 사람들을 보며 보람을 느낍니다. 인스타그램 릴스,숏폼 콘텐츠 전문 교육을 하고 있습니다.

### ♥강의이력

경기도청 숏폼콘텐츠 강의
대구교육청 숏폼강의
LH 공사 사내역량 강화 강의
산림 조합중항회 유튜브강의
한양대학교 숏폼 콘텐츠 부스트캠프
부천대학교 1인한달 크리에이터되기 유튜브코칭
연성대학교 호텔 외식 경영 동영상 편집강의
연성대학교 호텔 외식 경영 동영상 마케팅 제작
연성대학교 동물병원코디네이터 sns강사
우송대학교 동영상 편집 강의

동서대학교 식품영양학 동영상 편집강의
국제사이버대학교SNS마케팅 강의
50플러스 서울 남부유튜브강의
서울 50플러스 강동 50플러스 강사
숏폼 전성시대 청년 e룸과 함께 하는 숏폼강의외 연200회 오프라인 강의진행

**온라인**　　릴스 챌린지 26기 진행중
　　　　　　허지영의 3분 키네마스터 유튜브채널 운영

**주요저서**　"2시간만에 유튜브 크리에이터되기"(아티오)
　　　　　　"엄마테크"돈 잘버는 엄마들의 출근로드 (비제이퍼블릭)

**인스타그램** @reel_jiyoung
**네이버 블로그** https://blog.naver.com/woojunjjang
**유튜브** https://youtube.com/@threesns
**이메일** woojunjjang@naver.com

# 서문

영상이 갖는 힘은 굉장합니다.텍스트나 이미지 보다 더 다양하고 다채로운 방식으로 콘텐츠를 만들수 있습니다.

인스타그램 릴스처럼 1분 내외의 짧은 영상인 '숏폼 콘텐츠'를 통해 상품을 소개하고, 판매하는 온라인 마케팅 기법을 '숏폼 커머스'라고 부릅니다. 인스타그램 릴스를 사용해 10초-90초 사이의 짧은 영상을 간단하게 촬영, 편집, 업로드 할 수 있습니다. 인스타그램 릴스를 이용하면, 영상을 촬영하고 업로드하는데 드는 시간과 노력을 줄일 수 있습니다. 영상 제작의 편리성뿐만 아니라, 알고리즘에서도 초보자들에게 유리합니다.

사용자자들은 좋아하는 크리에이터와 대화를 나누고 챌린지에 참여하며 직접 크리에이터가 되기도 합니다. 특별한 사건이나 멋진 공간이 아니더라도 자신의 모습을 거리낌 없이 영상에 담습니다. 소중한 하루를 일상을 여행지에서의 멋진 경험을 인스타그램 릴스로 공유하고 나만의 노하우로 담아 보시 길 바랍니다.

<인스타그램 릴스 영상 만들기는 어려울 것 같다는 생각에 도전을 망설이고 있었다면 지금 인스타그램 앱을 키고 릴스 버튼을 눌러보세요.>

이 책은 퍼스널 브랜딩을 원하는 개인, 고객을 접하는 자영업자, 소상공인, 회사 마케팅 담당자등 인스타그램 릴스를 통해 마케팅하고 브랜딩하는 분들의 위한 책입니다.

인스타그램 릴스를 활용하는 나침반이 되도록 최대한 쉽게 기술한 실용서입니다. 인스타그램 앱의 설치, 가입등의 기초적인 내용부터, 영상을 돋보이게 편집하는 기술적인 내용. 관심을 높이는 콘텐츠를 구성하는 팁, 영상을 직접 만드는 과제형 실습까지 인스타그램에 필수적인 내용을 담았습니다.

 이 책은 인스타그램 릴스 영상 만드는 기술적인 내용만을 다루지 않았습니다. "나의 콘텐츠는 무엇일까" 라는 질문으로 시작해서 마지막에는 직접 영상을 만드는 과제형 실습까지 체계적으로 구성했습니다. 영상 실습의 이론 내용을 단순히 머리로만 이해하는 것이 아니라 나의 인스타그램 콘텐츠에 적용하고 익힐 수 있도록 이론과 실습을 연계했습니다.

인스타그램 릴스는 영상을 편집하는 도구이자, 영상을 업로드하는 플랫폼입니다. 세상에서 가장 쉬운 인스타그램 릴스마케팅! 짧지만, 강력한, 나만의 브랜딩을 릴스로 만들어 보시길 바랍니다.

## 추천사

인스타그램은 전세대에 걸쳐 현재 우리나라에서 가장 인기있는 소셜 미디어 채널이다.

사람들은 내가 보여주는 이미지와 영상을 기반으로 나를 인식한다. 그리고 인스타그램의 팔로워와 소통 능력은 온라인에서 개인의 영향력을 보여준다.

점점 인스타그램이 퍼스널 브랜딩을 위한 가장 중요한 채널이 되고 있는 이유다.

대기업에서 신사업으로 3개의 B2C플랫폼을 론칭해서 성장시키고 있는 담당 임원으로서, 플랫폼 신사업을 소비자들에게 알리기 위해 가장 먼저 한 일은 인스타그램 계정을 만드는 것이었다.

개인 뿐 아니라 회사 브랜드/마케팅 담당자들에게도 인스타그램은 소비자들과 소통하는 가장 중요한 채널이다.

개인이든 기업이든 누구나 쉽게 인스타그램을 시작할 수 있지만, 아무나 인스타그램을 제대로 키울 수 있는 것은 아니다.

인스타그램의 알고리즘은 사용자가 얼마나 자주 활동하고, 얼마나 많은 사람들이 해당 게시물을 좋아하고 댓글을 달며 공유하는 지에 따라 더 많은 사람에게 게시물을 노출한다. 특히, 최근에 인스타그램은 릴스 콘텐츠에 대해 더 많은 노출과 홍보 가능성을 제공하기 때문에 새로운 기능을 활용해서 다양한 콘텐츠를 게시하는 것은 팔로워 확대와 계정 성장에 큰 역할을 한다.

저자인 허지영작가는 유튜브와 인스타그램에서 활발히 활동하는 열정이 넘치는 디지털 크리에이터이자, 동시에 대기업, 대학교, 공공기관 등 에서 전문적으로 디지털 영상 콘텐츠를 가르치는 전문 강사다.

이 책을 통해 디지털 크리에이터이자 전문 강사로서, 인스타그램의 알고리즘과 콘텐츠 트랜드에 딱 맞는 방식으로 인기 콘텐츠를 제작하고 활용할 수 있는 방법을 제시한다.

이제까지 막연히 인스타그램은 잘 알고 있다고 생각했더라도, 이 책을 한번 열어보면 새로운 기능과 활용법들이 가득한 것에 놀랄 것이다. 알고보면 대부분 우리는 인스타알못이다.

무엇이든 잘 하고 싶으면 시간을 내어 방법을 연구해야 한다. 이 책을 통해 가장 빠르게 인스타잘알이 되어 개인의 브랜딩과 영향력을 키우시길 권한다.

LG CNS, B2X서비스담당 **윤미정 상무**

**숏폼 크리에이터로의 도전을 응원합니다.**

최근 콘텐츠 형태 중 뜨거운 트렌드는 숏폼 (short-form)이다. 특히 인스타그램의 짧은 동영상 서비스 릴스(Reels)가 등장하며 이 트렌드는 대세가 되었다. 알고리즘은 계속 변화하겠지만 이 순간 인스타그램 계정 키우고 싶다면 릴스를 해야 한다. 그 이유는 인스타그램 알고리즘 노출이 릴스에 집중되어 있어 상대적으로 높은 도달율을 달성할 수 있기 때문이다. 또 요즘 사용자들은 빠르게 핵심만 훑고 지나가는 콘텐츠를 선호하기에 나의 팬으로 만들기도 쉽다.

영상 크리에이터가 아닌 사람들에게는 콘텐츠 기획, 촬영, 편집, 업로드… 숏폼 콘텐츠를 만드는 과정이 쉽지 않을 것 같다는 마음이 든다. 게다가 인스타그램 특유의 감성 한 스푼도 넣어야 할 것 같다. 이런 심리적 허들로 시도조차 못하고 포기하는 사람이 많다. 이런 고민을 가진 사람들에게 허지영 저자의 "인스타그램 릴스 마케팅"을 추천한다. 인스타그램에서 제공하는 기본 템플릿 사용법, 동영상 편집 어플을 활용해 쉽게 숏폼 콘텐츠를 만들 수 있는 노하우가 모두 담겨 있는 책이다. 이렇게 만든 콘텐츠는 릴스 뿐 아니라 틱톡, 유튜브 쇼츠에 동시 활용 가능하니 효율성이 좋은 콘텐츠다.

스타트업 마케터이자 사이드잡으로 월급만큼 돈버는 법 의 저자 **윤소영(해피스완)**

## 베타리더 추천사

요즘은 누구나 쉽게 이미지를 만들고 영상을 편집할 수 있는 시대입니다. 훌륭한 기능을 쉽게 다룰 수 있는 편집 앱도 많고 심지어 무료로 제공하기도 하지요.

이렇게 누구나 영상을 만들 수 있는 환경입니다. 하지만 실제로 영상을 만들어서 그 이상의 이익을 얻는 사람이 있는 반면, 그렇지 못한 사람도 있습니다. 그 차이는 무엇일까요?

저는 제일 먼저 영상을 만드는 방법을 아는 것과 모르는 것이라고 생각합니다.

How To. 방법과 기능은 알면 할 수 있게 되고, 반복하면 익숙해져서 더 쉽게 사용할 수 있습니다.

반면 모르면 끝까지 모르는 채로 아무리 좋은 기능을 무료로 제공해도 활용할 수 없습니다. 참 단순하지요.

영상을 만드는 방법과 무료로 제공하는 편집 기능을 활용할 수 있는 사람과 모르는 사람의 콘텐츠 표현법은 하늘과 땅 차이일 것입니다.

그러면 영상을 만들기만 하면 끝일까요?

아닙니다. 영상을 만들었다면 그것을 매개로 사람들과 소통할 줄 알아야 합니다.

이미지와 영상으로 커뮤니케이션할 수 있는 능력을 비주얼 미디어 리터러시라고 하는데요, 리터러시는 글을 읽고 쓸 수 있는 능력을 의미합니다. 이것을 갖게 되면 하고 싶은 말과 자신의 생각을 영상과 이미지로 표현할 수 있게 되고, 소통이 가능해지며, 이것은 자신감과 자존감까지 증진시킨다고 합니다.

더 중요한 것은 이 비주얼 미디어 리터러시가 있는 사람과 없는 사람과의 격차는 계속 벌어질 수밖에 없다는 겁니다.

이렇게 이미지와 영상으로 표현하고 소통하는 것이 매우 중요한 시대가 되었습니다.

허지영 저자님의(인스타그램 릴스마케팅)은 인스타그램의 영상인 릴스 만드는 법과 영상 콘텐츠로 소통하는 법 이 두 가지를 모두 충족시켜주는 노하우가 가득한 책입니다.

인스타그램 초보자도 어렵지 않게 영상을 편집할 수 있는 방법을 제시합니다. 또한 10개가 훌쩍 넘는 풍부한 실습 예제를 통해서 자신의 콘텐츠에 어울리는 편집 방법을 찾고 응용할 수 있도록 합니다.

저자의 글을 따라가다 보면 단순히 인스타그램 릴스를 만드는 법에서 그치는 것이 아니라 릴스로 사람들과 어떻게 소통하고, 마케팅 도구로 확장시킬 수 있는지까지 하나씩 알게 됩니다. 어느새 어제의 자신보다 한 걸음씩 앞서가고 있을 것입니다.

세상에서 가장 쉬운 SNS 콘텐츠 디자인 with 캔바 저자 **강민영**

세상에서 가장 쉬운 영상편집과 릴스를 가르쳐주는 강사 허지영이라는 타이틀에 딱 맞게 인스타그램을 가장 쉽게 가르쳐줄 수 있는 책이 바로 이 인스타그램 릴스 마케팅이다. 영상의 시대이자 숏폼의 시대인 만큼 이를 잘 담아내는 인스타그램이 핫한건 알겠는데 어느 누구 하나 이렇게 조목조목 설명해주는 사람이 없었다.

인스타를 처음 접하는 사람들을 위한 친절한 안내서라는 생각이 든다. 인스타를 처음 시작한다면 어떤 것들을 고려해야하는지 프로필부터 하나씩 단계별로 인스타를 시작하게 하고 그 다음으로 피드를 올리고 가장 노출이 활발하게 되는 시간대와 노하우까지 쏙쏙 담아준다.

다양한 기능들, 자세히 어떤 효과를 가져다줄지 몰라서 시도도 못해본 것을 바로 이 책을 통해서 하나씩 알려주고 있다. 기본기를 마쳤다면 다음은 중급을 위한 코스가 준비되어 있다. 참고사이트와 기본편집, 그리고 마지막으로 외부 편집프로그램을 위한

## 베타리더 추천사

심화과정까지 천천히 밟아 나가기만 하면 인스타 오마카세의 코스요리를 처음부터 끝까지 즐기는 기쁨을 맞게 될 것이다.

라이브 커머스 방구석 노마드로 시작하자의 저자 **김소정**

"세상에서 가장 쉬운 인스타그램, 릴스, SNS 콘텐츠 강의를 알려드리는 허지영 강사입니다" 라고 시작하는 허지영 강사의 블로그를 보고 있노라면 많은 생각이 듭니다. 2019년 블로그 공부로 알게된 인연이 지금까지도 서로의 발전을 응원하는 관계로 이어져오고 있으니까요. 유튜브로 시작해 인스타그램, 숏폼을 섭렵하며 활발하게 강의 활동을 이어오고 있는 허지영 강사는 오프라인강의보다 온라인 강의가 많은 시기에도 수강생 한명 한명, 끝까지 따라오게끔, 나머지 공부를 시켜가면서까지 쉽게 이해를 시켜주는 강사였어요. 그러한 열정과 강의력이 또 한권의 책으로 정리가 되어 나오게 된 것을 축하합니다.

인스타그램 릴스 마케팅은, 인스타그램의 배경 이해로 시작하여 유명한 릴스 영상을 과정별로 보여줌으로써 독자 스스로 익힐 수 있도록 실전 연습 단계까지 자세하게 나와있는 실용서입니다. 가장 쉽게 가르쳐주는 허지영 강사의 노하우가 그대로 담긴 책인것이죠.

요즘 인스타그램을 포함한 SNS 활동은 기본 중 기본이지만, 그만큼 새로운 기능과 로직이 나오고 있고 변화의 흐름을 지속 읽고 반영해야하는게 현실입니다. 그 과정이 두려워 시작을 못하고 있는 분들, 시작은 했으나 무엇을 해야할 지 모르겠는 분들, 어디에선가 본 릴스인데 만드는 방법을 모르겠다는 분들이 이 책을 보며 하나씩 익혀가면 좋겠다는 생각이 들어요.

쉽게 알려주기 위해 작가 본인은 뒤에서 스토리를 짜고 무수한 영상을 찍고 편집하며 거듭 연습을 했다는 것을 압니다. 허지영 강사의 진정성있는 강의를 이 책으로 만나보시는건 어떨까요~?

N잡러(블로그 대행사,써봐조아 대표) 한지선 (깐깐꼼꼼크리스티)

누구나 한번쯤은 "해볼까?" 했었을 법한. 그리고 해보고 싶었을 법한. 몹시 쉬운 접근이 가능하지만 방황하고 길 찾기 또한 어려웠던 인스타의 세계에 지팡이가 되어 길을 찾아주는 매뉴얼 "인스타그램 릴스 마케팅"을 만날 수 있어 영광입니다.

"그 제품으로 '어떤 삶을 살 수 있는지'를 보여줄 수 있어야 합니다."라는 문구가 마음에 확 와닿았습니다.

새로운 사업을 시작하며 마케팅에 대한 고민이 큰 지금, 고객으로 하여금 어떤 삶을 보여줄 수 있을지 생각하게 되었습니다.

막연했던 일들이 구체화 되는 순간을 경험할 수 있는 귀한 시간을 <인스타그램 릴스 마케팅> 으로 얻을수 있어 유익했습니다.

<인스타그램 릴스마케팅>에서는 구체적으로 고객의 성향 또는 니즈에 대한 분석과 나를 표현하는 방법들을 알려줍니다.

인스타그램을 몰랐던 사람들도 이 책 한 권으로 트렌드에 팔짱끼고 걸을 수 있는 용기를 얻을 수 있습니다.

인스타의 바다에 빠져들 준비가 되셨다면 허지영 작가가 알려주는대로 따라와보세요. 음파음파(숨 참기/숨 쉬기)부터 시작해 버터플라이까지 해낼 수 있는 폐활량을 길러 줄겁니다.

솔라플레어 대표 심규선

# 목차

추천사 　　　　　　　　　　　　　　06
베타리더 추천사 　　　　　　　　　08

## STEP 1
## 인스타그램 알아보기

01 | 인스타그램이란? 　　　　　　　　　　　　　　　18
02 | 인스타그램의 장점 　　　　　　　　　　　　　　20
03 | 인스타그램 시작하기 전에 이것부터 하세요 　　21
04 | 인스타그램 마케팅 　　　　　　　　　　　　　　23

## STEP 2
## 인스타그램 시작하기

01 | 인스타그램 앱 설치하기 　　　　　　　　　　　38
02 | 인스타그램 회원가입 　　　　　　　　　　　　　39
03 | 인스타그램 프로필이란?O 　　　　　　　　　　43
04 | 인스타그램 사진 한 장 업로드 　　　　　　　　49
05 | 인스타그램 사진 여러 장 올리기 　　　　　　　52
06 | 본문 캡션과 해시태그 삽입 　　　　　　　　　54
07 | 인스타그램 용어정리 　　　　　　　　　　　　　56
08 | 인스타그램 스토리 링크 걸기 기능 　　　　　　58

## STEP3
### 알아두면 유용한 무료 이미지 사이트

01 | 무료 이미지 사이트　　　　　　　　　　　　　　　　　　　　64
02 | 알아두면 유용한 무료 동영상 소스 사이트　　　　　　　　　　68

## STEP4
### 인스타그램 릴스

01 | 요즘 대세 숏폼 콘텐츠에 주목하자　　　　　　　　　　　　　74
02 | 인스타그램 릴스 출시　　　　　　　　　　　　　　　　　　　78
03 | 릴스를 만들 때 중요원칙　　　　　　　　　　　　　　　　　　82
04 | 릴스 마케팅 중요 원칙　　　　　　　　　　　　　　　　　　　84
05 | 인스타그램 릴스 전략　　　　　　　　　　　　　　　　　　　87
06 | 릴스 영상 콘텐츠 만들기 종류　　　　　　　　　　　　　　　89

# 목차

## STEP5
## 인스타그램에 릴스 만들기

01 | 릴스 촬영 전 촬영 보조 장비 … 94
02 | 인스타그램 릴스 기본 알기 … 96
03 | 인스타그램 앱에서 릴스 바로 촬영해보기 … 97
04 | 릴스 기능 살펴보기 … 99
05 | 인스타그램 릴스 만들기 … 114
06 | 인스타그램 릴스 앱 영상 편집 … 116
07 | 릴스 영상 촬영 후 기본 기능 알아보기 … 121
08 | 인스타그램 업로드 후 릴스 수정하는 방법 … 140
09 | 릴스 리믹스하기 … 143

## STEP6 실습하기

**실습 01** | 책이 아래에서 위로 올라오는 영상   150
**실습 02** | 인스타그램 효과 사용하기   152
**실습 03** | 캡컷 템플릿 사용하기   154
**실습 04** | 릴스로 답장하기 (영상 답장 기능)   156
**실습 05** | 저장한 인스타그램 릴스 확인하는 방법   157
**실습 06** | 인스타그램 릴스 템플릿 사용하기   159
**실습 07** | 인스타그램 릴스 자막 삽입   161
**실습 08** | 똑같은 사람이 한 화면에 두 명 이상 나오는 영상   164
**실습 09** | 소품이 움직이는 영상 만들기   167
**실습 10** | 속도 빠르게 하기   170
**실습 11** | 컴퓨터 안에 있는 제품 꺼내기   172
**실습 12** | 자동 자막 삽입   176
**실습 13** | 릴스 템플릿   180
**실습 14** | 릴스 화면 전환   182
**실습 15** | 인스타그램 릴스[배치] 기능   186
**실습 16** | 나의 인스타그램 주소 삽입하기   190

# STEP 1

# 인스타그램 알아보기

# 인스타그램이란?

인스타그램(Instagram)은 '세상의 모든 순간을 포착하고 공유한다(Capturing and sharing the world's moments).'라는 슬로건으로 2010년에 등장하였습니다. 인스타그램은 '인스턴트카메라(Instant camera)'와 '텔레그램'(Telegram)의 합성어로 사진과 동영상을 공유하는 소셜네트워크서비스(SNS)의 한 종류입니다. 이처럼 인스타그램은 사진을 기반으로 하기 때문에 이미지의 비중이 높은 시각적인 매체입니다. 그리고 피드를 통해 매력적인 사진과 감각적인 느낌을 전달합니다. 스마트폰의 발달로 쉽게 사진을 찍고 기록을 남길 수 있기 때문에 이미지만으로 국내뿐 아니라 전 세계의 사용자들이 사진이나 동영상으로 사람들과 공유하고 소통하는 공간입니다. 인스타그램의 기능은 단순해서 "좋아요" 누르기와 "댓글" 달아주기 기능으로 많은 사람들과 즐거운 소통을 바로바로 할 수 있습니다.

[그림 1-1] 국내 소셜미디어 연령별 월평균 이용자 수

## ❤ 인스타그램 피드란?

FEED는 인스타그램에서 올리는 게시물의 단위를 말합니다. FOOD는 음식이고 동사는 FEED인데 그럼 먹이를 주다입니다. 온라인 매체에서 무언가 콘텐츠를 공급하다는 의미로 피드라는 말이 사용되고 있습니다. 우리가 게시물 (FEED)를 올리면 팔로우들이 가장 먼저 그정보를 보게 됩니다. 이미지 위주로 소통하는 SNS인 인스타그램에서 사용자가 팔로잉하는 사람의 사진이 시간 순서대로 배치되어 보입니다. 이를 피드라고 합니다.

나를 따라오는 이웃들에게 좋은 양질의 정보를 줄 의무가 있습니다.

인스타그램을 주목해야 하는 이유는 이용률 성장 폭이 가장 크다는 점에 있습니다. 간단하고 심플한 인터페이스로 감성을 움직여 전 세계적으로 인스타그램의 이용자 수가 급격하게 늘어나고 있습니다. 이미 국내에서도 많은 사랑을 받는 것을 넘어 마케팅 도구로 각광을 받고 있습니다. 인스타그램의 특유의 감성과 편리한 사용 방법으로 인플루언서들의 플랫폼으로 자리 잡아가고 있습니다. 인스타그램의 광고 게시물은 광고지만 마치 친구의 이야기처럼 느껴져 광고지만 광고가 아닌 듯한 느낌이 듭니다. 이제는 콘텐츠 제작자인 크리에이터뿐만 아니라 자사의 제품을 판매하거나 서비스를 마케팅하는 하는 기업들도 인스타그램을 활용하여 이미지 마케팅을 하고 있습니다. 연예인들을 비롯해 많은 인플루언서들도 인스타그램을 통해 팔로워들과 자신의 일상을 공유하며 친근하게 소통하고 있습니다.

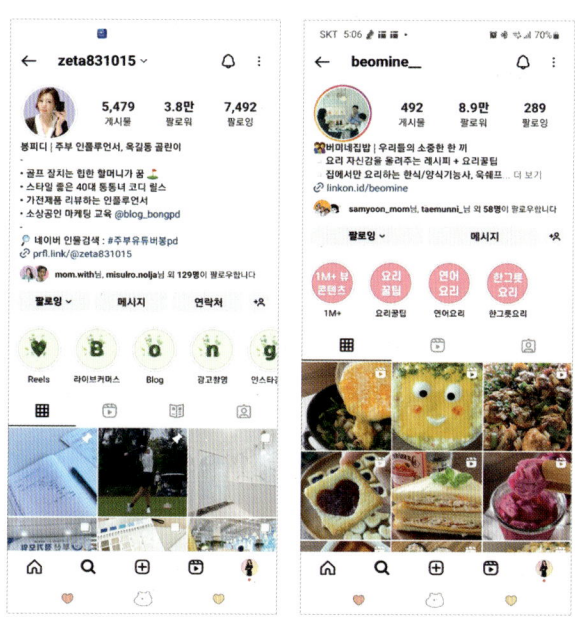

[그림 1-2] 인스타그램 인플루언서

# 인스타그램의 장점

인스타그램은 모바일 전용 SNS입니다. 따라서 기능이 굉장히 단순합니다. 인스타그램 업로드가 재미있는 이유는 관심 있는 팔로우들에게 "좋아요"를 눌러주고 댓글로 소통을 하는 등 사람들의 참여율이 높기 때문입니다. 올리고 싶은 사진에 감각적인 필터를 적용하고 해시태그를 작성해서 간단하게 글을 쓴 다음 공유 버튼을 누르면 업로드가 됩니다. 또 다른 콘텐츠인 블로그는 많은 글을 써야 하므로 이미지와 글을 작성하는 데 부담감이 있습니다. 그리고 유튜브는 영상 촬영부터 편집까지 보통 3~4시간이 소요되므로 부담감이 있습니다. 하지만 인스타그램은 사진 몇 장과 간단한 글 그리고 해시태그만으로 콘텐츠를 제작할 수 있기 때문에 쉽게 다가갈 수 있는 SNS입니다. 많은 크리에이터들이나 인플루언서들이 모이는 이유도 사용하기 쉽고 빠르게 소통을 할 수 있는 장점 때문입니다.

최근에는 인스타그램에서 큰 팬덤으로 영향력을 보여주고 있는 일반인들도 많아지고 있습니다. 예전에는 방송국에서만 광고를 송출 할 수 있었고 스타들만 출연할 수 있었지만 이제는 나의 콘텐츠를 잘 알려서 인스타그램 영향력을 누구나 키울수 있는 시대입니다. 세계적인 스타들의 일상이나 BTS의 일상도 함께 공유할 수 있습니다. 내가 올린 게시물이 전세계의 사람들과 볼수 있습니다. 인스타그램은 평범함 삶에서 새로운 기회로 넘어갈 무한한 가능성의 공간입니다.

# 03 인스타그램 시작하기 전에 이것부터 하세요

나만의 콘텐츠를 찾아야 하는 이유는 가장 나다운 것을 통해 남들과 차별화를 하고 나만의 콘텐츠로 꾸준히 인스타그램을 할 수 있기 때문입니다. 나만의 콘텐츠는 나의 스토리가 묻어있고 장기적으로 할 수 있는 주제여야 합니다. 나만의 콘텐츠는 말 그대로 나에게서만 찾을 수 있습니다. 아직 나만의 콘텐츠가 정해지지 않았다면 지금 내가 관심있는 주제나 내가 자주 보는 인플루언서의 피드를 참고하거나 주변을 한번 둘러보시는 것을 추천해 드립니다.

### ▽ 내가 관심 있는 주제

지금 내가 관심 있는 주제를 생각해보고 나에 대해 떠오르는 대로 종이에 적어봅니다. 제한을 두지 말고 나와 관련된 일은 무엇인지 나는 무슨 일을 하고 어디에 살고 어떤 노래를 좋아하고 어떤 책을 읽는지 나열해 보시기 바랍니다. 예를 들어 서울에 사는 40대 주부라면 여기서 키워드는 서울 강남 40대 주부, 강남의 좋은 카페, 아이들과 함께 갈 수 있는 좋은 식당, 3kg 감량 비법 등 40대 초반 주부가 알려줄 수 있는 정보로 나만의 콘텐츠를 만들 수 있겠죠? 이런 키워드로 나만의 콘텐츠를 만들어 갈 수 있습니다.

### 🔖 주변 둘러보기

내가 사용하는 노트북이나 블루투스 이어폰의 리뷰도 콘텐츠가 될 수 있습니다. 내가 어떤 장소에 가는지 어떤 물건이 있는지를 한번 살펴보세요. 5세 아이와 함께 읽으면 좋은 책이나 엄마표 영어책 추천, 아이들이 떨어뜨려도 깨지지 않는 그릇도 콘텐츠가 될 수 있습니다.

콘텐츠는 내가 전문가가 아니더라도 알려줄 수 있는 정보를 선택하면 됩니다. 모든 사람들이 알고 있는 정보보다 내가 알고 있는 정보를 먼저 알려준다는 생각으로 접근하면 사소한 주제가 콘텐츠가 될 수 있습니다.

### 🔖 자주 보는 영상

내가 자주 보는 영상이나 팔로우하는 분들을 생각해봅니다. 살림에 대해 관심이 있으신 분들은 살림 영상을 자주 보실 거고, 엄마표 영어에 관심있으신 분들은 엄마표 영어 콘텐츠를 팔로우하실 텐데요. 자주 보는 영상을 체크하셔서 내가 관심 있는 주제라고 생각해보세요.

그 안에서 나의 콘텐츠를 찾아보시는 것도 추천해 드립니다.

**나의 인스타그램 콘텐츠표 작성해보기 표**

| | |
|---|---|
| 소재 | 내가 관심을 갖고 있는 소재는 무엇인가? |
| 타겟층 | 내 인스타그램을 검색하고 팔로우 할 사람은 누구인가? |
| 콘텐츠 | 인스타그램에 어떤 정보 또는 일상을 담아업로드 할 것인가? |

# 인스타그램 마케팅

인스타그램은 그 자리에서 바로 찍어 보낸다는 의미를 가지고 있습니다. 단순하면서 바로 콘텐츠를 만들어 올리는 SNS인 만큼 현대인들에게 가장 적합한 스타일입니다. 글보다는 이미지를 기반으로 하기 때문에 빠르게 정보를 확인할 수 있다는 점이 매력적입니다. 올리는 입장에서도 콘텐츠 제작 시간을 줄일 수 있고 소비자 입장에서도 보는 시간은 줄이면서 정보를 확인할 수 있습니다. 인스타그램(Instagram)은 이미지 비중이 높고 사적인 경향이 있어 새로운 마케팅 도구로 부상하고 있습니다. 독자에게 텍스트가 아닌 이미지로 먼저 말을 겁니다. 이미지가 호기심을 불러일으키면 독자는 "더 보기"를 눌러 텍스트를 확인합니다.

인스타그램은 피사체가 아름답고 감각적이어야 합니다. 디자인 제품(을 판매하는 업체), 서점이나 카페 같은 분위기 공간(을 운영하는 사업자), 자신의 차림새와 라이프 스타일을 선보일 수 있어 마케팅을 하기엔 좋은 SNS 공간입니다. 비즈니스 계정에서도 하고 싶은 말을 이미지를 통해 아주 영민하게 감각적으로 전달해줍니다.

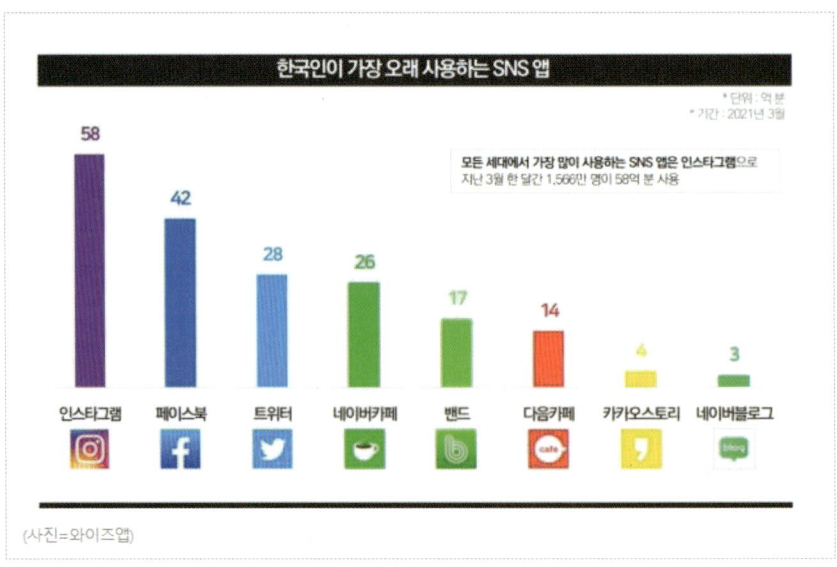

[그림 1-3] 한국인이 가장 많이 사랑하는 SNS

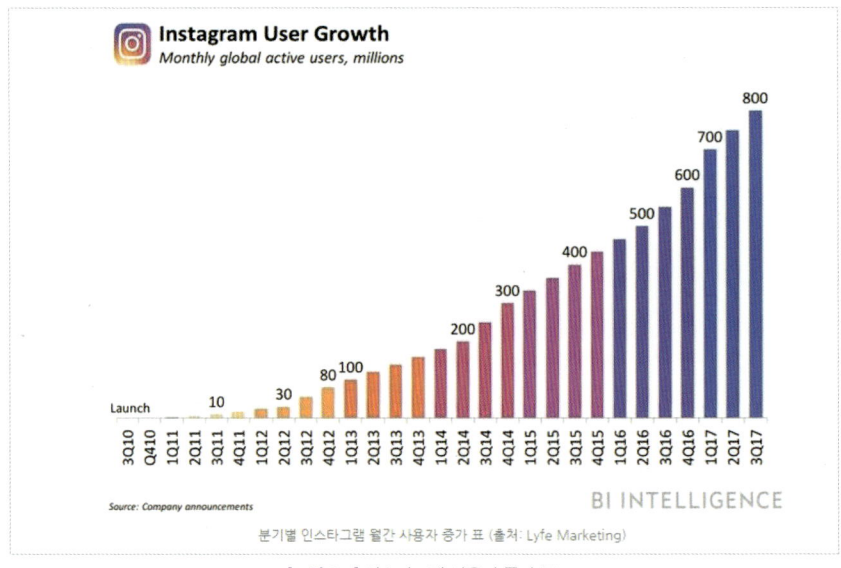

분기별 인스타그램 월간 사용자 증가 표 (출처: Lyfe Marketing)

[그림 1-4] 인스타그램 사용자 증가 표

## 진정성을 설정하라

인스타그램 개인 계정에서 나만의 "이미지"들로 자신의 감성의 색깔을 쌓아 올리는 것처럼 비즈니스 계정에서도 브랜드의 "감성"을 전달해야 합니다. 나의 제품을 알리는 데 급급해 업로드하고 진열하는 것보다 그 제품으로 "어떤 삶을 살 수 있는지"를 보여줄 수 있어야 합니다.

인스타그램은 사진과 동영상을 기반으로 정보를 전달하고 소통하는 공간입니다. 개인 계정에서 "이미지"들로 자신의 감성의 색깔을 쌓아 올리듯 나의 이미지나 브랜드의 "감성"을 전달해야 합니다. 중요한 것은 "진정성(authenticity)"을 설정하는 것입니다. 친구나 가족의 일상을 보여주고 근황을 알리듯 브랜드의 일상과 근황을 알려주는 것이 중요합니다.

브랜드 내 집단의 아이덴티티를 설정하고 그들의 숨겨진 뒷얘기를 공유하는 것을 추천해 드립니다.

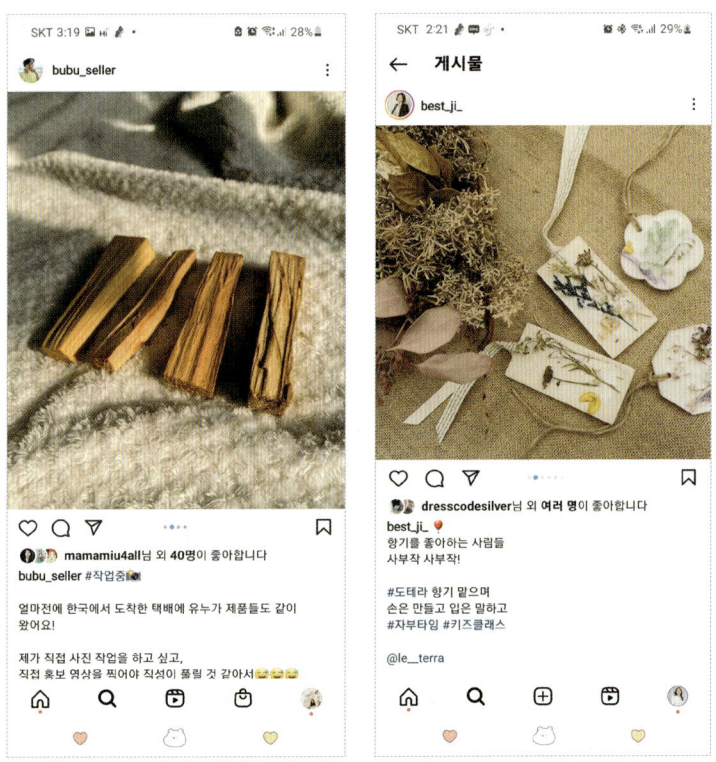

[그림 1-5] 나의 제품을 감각적으로 업로드하는 인스타그램 마케팅

사진을 업로드할 때 제품을 돋보이게 하는 방식과 문화를 돋보이게 하는 방식이 있습니다. 그리고 제품을 돋보이게 사진을 찍더라도 분위기와 "시선"이 중요합니다. 문화를 돋보이게 하는 전략은 무형의 서비스를 제공하는 "라이프스타일" 브랜드가 취할 수 있습니다.

현대카드나 삼성전자 등의 대기업의 브랜드들이 문화를 돋보이게 하는 전략을 함께 하고 있습니다. 진정성을 설정하여 친구나 가족들에게 자신의 일상을 보여주고 근황을 알리듯이 브랜드의 일상과 근황을 알리는 것입니다. 브랜드 내 집단(In group)의 아이덴티티를 설정해 드러내고 그들의 숨겨진 뒷얘기(behind-the-scene)를 사적으로 공유합니다.

[그림 1-6] 현대카드 인스타그램 마케팅

[그림 1-7] 삼성전자 인스타그램 마케팅

## 시간대가 중요하다

비즈니스 계정은 인스타그램 마케팅을 근무 시간 중에 하는 경향이 있습니다. 월요일부터 금요일까지의 오전 9시에서 저녁 6시 사이에 업로드하는 것입니다. 〈포춘 (Fortune 500)〉에 드는 회사들 역시 그렇다고 하는데요. 그러나 조사 결과 그들 기업 계정에 독자들이 가장 많이 반응하는 시간은 저녁 10시에서 새벽 3시였다고 합니다.

반대로 가장 참여율이 낮았던 시간은 오전 11시에서 오후 4시였다고 합니다. 당신의 브랜드가 끌어들이려는 독자들이 인스타그램에 참여하는 시간을 생각해서 인스타그램을 업로드하는 것도 중요합니다.

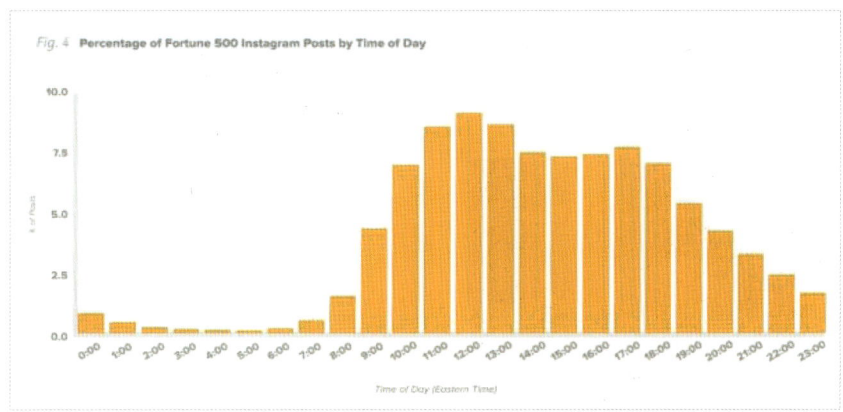

[그림 1-8] 포춘 500대 기업 인스타그램 업로드 시간

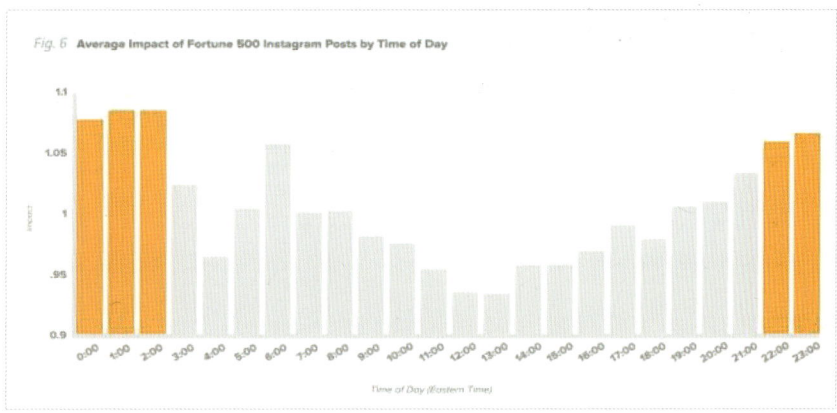

[그림 1-9] 인스타그램 확인 시간

## 🔰 이미지로 나타내기

인스타그램은 사진과 동영상 등의 이미지로 보여지는 SNS입니다. 시각적으로 심플하거나 아름다운 사진으로 보이는 것이 중요합니다. 따라서 이미지를 잘 꾸미는 건 인스타그램에서는 필수적인데요. 인스타그램에서 제공하는 필터 기능만으로도 감성적인 사진을 연출할 수 있습니다. 이렇듯 인스타그램은 감각적인 사진만으로 많은 사람들에게 소통하고 이미지를 전달을 할 수 있는 SNS입니다.

이제 보는 것만으로도 아름답고 시각적인 것을 경험해주는 사진을 인스타그램으로 전달합니다. 인스타그램에서는 단순한 일상도 어떻게 기록하고 어떻게 담냐에 따라 콘텐츠가 되기도 하고 단순히 친구와의 추억이 되기도 합니다. 콘텐츠를 함께 만들어 나가 보시길 바랍니다.

[그림 1-10] 인스타그램 감성 사진

[그림 1-11] 인스타그램 마케팅 사진

## 해시태그(hashtag)란 무엇인가?

해시태그는 인스타그램에서 다루는 주제나 소통하는 핵심 기호라고 할 수 있습니다. 해시태그는 "해시(HASH) + 묶다"라는 뜻으로 해당단어의 # 표시로 함께 묶는 것을 의미합니다. 네이버에서 검색어가 포함된 게시물을 검색하는 것처럼 해시태그가 사용된 게시물이 검색됩니다. "#일상"처럼 꼭 #을 붙여야 인스타그램 검색에서 노출이 가능합니다. 해시태그를 사용해야만 더 많은 노출이 된다는 점을 명심해주시기 바랍니다.

### 해시태그 효과

해시(#) 기호를 써서 게시물을 묶는다(Tag)는 뜻입니다. 해시 태그는 특정 주제가 담긴 해시태그에 따라 검색 및 분류가 가능합니다. 또한 공통관심사를 가진 사람들을 한데 모을 수 있습니다. 샵(#) 기호에 원하는 키워드를 붙여 게시물을 유통하는 해시태그 마케팅의 가장 큰 목적은 다양한 사람들이 관련 정보를 찾아볼 때 본인의 해당 게시물에 더 많이 유입되도록 하는 것입니다. 해시태그는 분산되어 있는 게시물을 연결하고 공동체를 형성하게 해줍니다. 예를 들어 내가 "#미니멀리스트", "#심플한 살림법"에 관심이 있을 때 검색창에서 미니멀 리스트를 검색하면 관련된 게시물을 확인할 수 있습니다. 커뮤니티 기능으로 참여자들과 함께 소통하면서 정보도 얻고 도움을 주는 관계로 나갈 수 있습니다. 130만 팔로워를 가진 오늘의 집 인스타그램은 직접 찍은 사진뿐 아니라 그들의 팔로워들이 #오늘의집 해시태그로 올린 영상이나 사진 중에 우수한 콘텐츠를 뽑아서 오늘의 집 계정에 소개해 주는 형태로 계정을 운영해가고 있습니다. 팔로워들의 게시물이 오늘의 집 계정에 소개가 되면서 자신의 계정으로 유입으로 이어지고 있습니다.

### 해시태그 사용 방법

해시태그는 한 게시물당 30개까지 사용할 수 있습니다. 하지만 해시태그가 많다고 노출이 많이 되는 것은 아닙니다. 콘텐츠와 상관이 없는 해시태그를 적기보다는 간단하게 10개 이내의 해시태그를 사용할 것을 추천해 드립니다. 해시태그를 적을 때 띄어쓰기를 하면 해시태그가 적용되지 않습니다. 예를 들어 "#미니멀 라이프"처럼 띄어쓰기를 한다면 "#미니멀"만 인식이 됩니다. 해시태그로 쓰고 싶은 문구가 있다면 띄어쓰기 없이 쓰도록 하는 것을 추천해 드립니다.

[그림 1-12] 미니멀 띄어쓰기 라이프 라고
검색했을 때 보여지는 이미지

[그림 1-12-1] 미니멀라이프를 붙여썼을 때
보여지는 이미지

[그림 1-12-2] 인스타그램 해시태그

## 🔻 인스타그램 해시태그의 역사

인스타그램 해시태그는 해시(Hash)와 태그(Tag)의 합성어로 만들어져 있고 글자 앞에 샵(#) 기호가 붙은 것이 특징입니다. 인스타그램은 개인적인 공간이므로 정보가 여러 곳에 흩어져 있습니다. 이렇게 흩어진 정보들을 찾아낼 수 있도록 만들어주는 것이 바로 해시 태그입니다. 앞에서 설명한 커뮤니티 해시태그인 "#미니멀라이프 #오늘의집 #맛집"처럼 정보를 함께 공유할 수 있습니다. 인스타그램에는 게시물 하나당 30개의 해시태그까지 삽입할 수 있지만 10~20개 정도 사용해 주는 것이 노출에 유리합니다. 해시태그만 잘 연구해도 팔로워가 늘어나므로 나의 잠재고객을 찾는 데 핵심포인트라고 할 수 있습니다.

"약한 연결의 힘"이라는 말이 있습니다. 미국 스탠퍼드대 사회학과 교수인 마크 그라토베터가 발표한 논문의 제목인데 가족이나 친구 등 가까운 사람보다는 친하지 않지만 알고 지내는 사람들에게서 실질적인 도움을 받는 경우가 더 많다는 뜻입니다. 사회관계망 서비스는 이런 약한 연결고리를 빠르게 확장할 수 있는 좋은 수단입니다. 인스타그램 커뮤니티 해시태그도 같은 취향 안에서 연결되고 관심 있는 분야의 사람들을 찾고 마음에 드는 사람을 팔로우하며 취향을 공유하는 관계를 쉽게 맺을 수 있습니다. 예를 들어 #미니멀라이프 #만보걷기 #운동스타그램 #오늘의집 #책스타그램 등 가치 있는 정보를 공유하여 팔로워들에게 나눠줄 수 있습니다. 그리고 깨끗한 정리 법, 여름철 운동법, 셀프 인테리어, 좋은 책 등을 공유하며 사람들이 유용하게 쓸 수 있는 정보들을 제공하기도 합니다.

[그림 1-13] 커뮤니티 해시태그 #미니멀라이프   [그림 1-14] 커뮤니티 해시태그 #책스타그램   [그림 1-15] 커뮤니티 해시태그 #오늘의집

**[참고]** 인스타그램 검색창에 내가 원하는 해시태그를 찾아보면 게시물의 개수를 파악할 수 있습니다.

[그림 1-16] 인스타그램 검색창

## 🔍 인스타그램에서 검색하기

실시간으로 올라오는 다양한 사진이나 동영상을 확인할 수 있는 인스타그램은 검색으로 여러 가지 정보를 활용할 수 있습니다. 인스타그램의 검색은 대부분 해시태그를 통해 검색하기 때문에 게시물을 올릴 때 해시태그를 적절하게 선정하는 것이 중요합니다. 또한 위치 태그의 경우 지역을 써주시는 것이 효과적입니다. #강남맛집이라고 검색하면 많은 정보를 찾아낼 수 있지만 해시태그를 사용하지 않은 콘텐츠는 찾을 수 없습니다. 이제 인스타그램에서 검색하는 방법을 알아보겠습니다. 인스타그램 하단 메뉴에서 돋보기 버튼을 클릭하면 인스타그램 검색 화면이 보입니다. 검색창은 맨 상단에 있으며 검색하고 싶은 검색어를 삽입하고 찾으면 됩니다.

검색창을 클릭하면 총 4개의 탭이 나타납니다. 여기에서 원하는 카테고리를 선택하여 입력하면 검색 단어에 알맞은 결과를 도출할 수 있습니다.

[그림 1-17] 인스타그램 검색 방법

❶ **검색**: 인스타그램 하단의 검색 탭을 클릭합니다.

❷ **검색창**: 검색창에 내가 검색하고 싶은 단어를 검색합니다.

❸ **인기**: 내 계정을 기반으로 하여 인기 있는 계정이 표시됩니다

❹ **계정**: 인스타그램 계정(사용자)을 검색할 때 사용합니다.

❺ **오디오**: 검색한 음원이 나옵니다.

❻ **태그**: 해시태그로 검색하고 싶을 때 사용하며 검색에서 가장 많이 사용됩니다.

❼ **장소**: 위치 태그를 기반으로 하여 위치에 맛집이나 핫플레이스를 검색할 수 있습니다.

## 해시태그로 상위 게시물 확인하기

최근 게시물은 노출이 조금 됩니다. 인기 게시물은 한번 오르면 노출이 많이 발생하고 오래 유지가 됩니다. 최근에는 검색창에 릴스 탭이 생겼습니다. CEO 아담 모세리는 인스타그램이 릴스를 적극적으로 활용하겠다고 발표했습니다.

❶ **검색창**: 검색하고 싶은 단어를 창에 입력합니다.

❷ **게시물 개수**: 검색한 게시물의 개수를 확인할 수 있습니다.

❸ **인기 게시물**: 한 번 올라가면 노출이 많이 발생하고 검색률이 높습니다.

❹ **최근 게시물**: 최근에 게시된 게시물이 업로드가 되기 때문에 단시간만 노출이 됩니다.

❺ **릴스**: 15초~60초 정도의 동영상과 음악으로 만들어진 인스타그램 릴스의 게시물입니다.

[그림 1-18] 인스타그램 인기 게시물 검색

릴스는 다른 게시물보다 많은 조회수를 발생하므로 인기 게시물에서도 가장 상위에 노출되는 경우가 많습니다.

### ♥ 해시태그를 많이 사용하면 검색될 확률이 높은가요?

보통 해시태그를 하나만 달면 하나의 검색 결과에만 게시물이 나타나고 열다섯 개를 달면 열다섯의 검색 결과에 게시물이 뜨기 때문에 일반적으로는 해시태그를 더 많이 달면 검색 결과에 계정이 더 많이 노출된다고 생각할 것입니다. 따라서 사용자들은 게시물을 올릴 때 내용과 크게 상관없는 키워드일지라도 "최대한 많은 양의 해시태그"를 사용하는 데에 초점을 맞추게 될 수 있습니다.

인스타그램은 최대 사용할 수 있는 해시태그 개수를 30개로 제한하였고, 똑같은 해시태그를 모든 포스트에 붙여 넣는 경우에는 오류가 뜨면서 포스팅이 되지 않을 수도 있게 조치를 취했습니다. 그리고 해시태그를 많이 붙인 경우 게시물의 조회수가 감소하는 원인이 게시물 내용과 관련 없는 해시태그가 붙어있기 때문이라는 것이 밝혀지기도 했습니다. 그리고 지나치게 반복적인 해시태그를 사용하거나 복사·붙여넣기의 방법으로 해시태그를 다는 건 좋은 방법이 아니라고 합니다. 실제 직접 타이핑하는 사람과 달리 복사·붙여넣기를 한 사람은 알고리즘이 봇(bot)으로 인식해 해당 사용자의 계정지수를 낮출 수 있다고 합니다. 인스타그램에서는 해시태그가 9개 정도일 때 engagement의 수치가 가장 높은 것을 알 수 있습니다. 그리고 9개가 넘어가면 다시 수치가 감소하는 걸 볼 수 있었습니다.

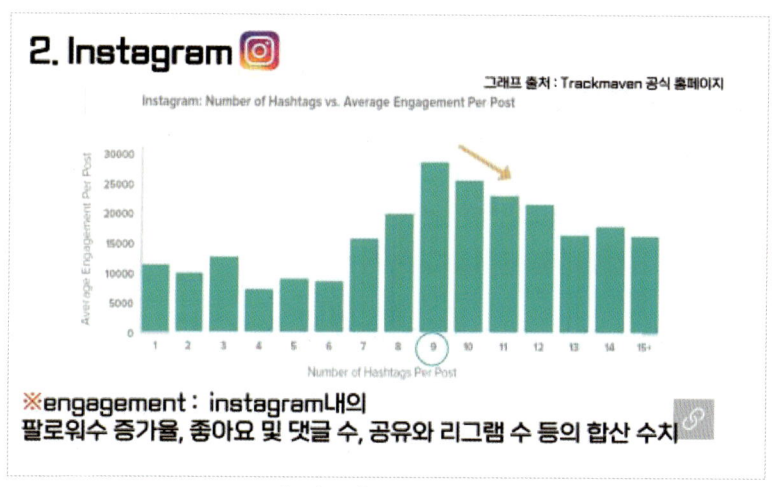

[그림 1-19] 인스타그램 수치

## STEP2

# 인스타그램 시작하기

# 01 인스타그램 앱 설치하기

인스타그램을 이용하기 위해서는 인스타그램 앱을 설치하고 회원가입을 해야 합니다. 스마트폰만 가지고 있으면 누구나 설치할 수 있으며 누구나 무료로 가입 후 이용할 수 있습니다. 앱스토어(아이폰) 또는 Play 스토어(안드로이드)에 들어가서 검색창에 "인스타그램" 또는 영어로 Instagram이라고 검색하여 인스타그램을 설치합니다.

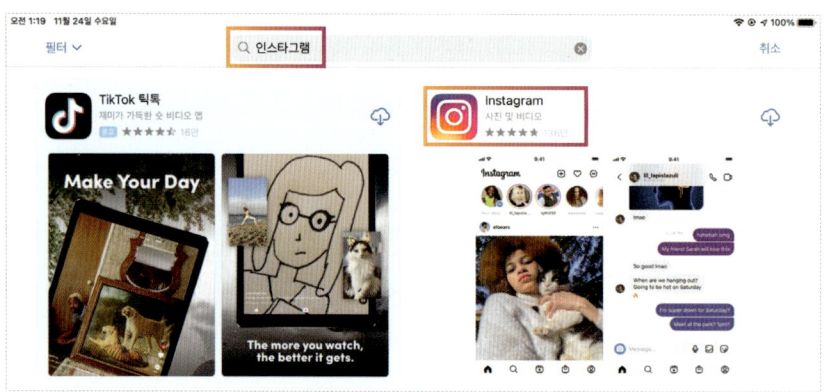

[그림 2-1] 인스타그램 설치하기

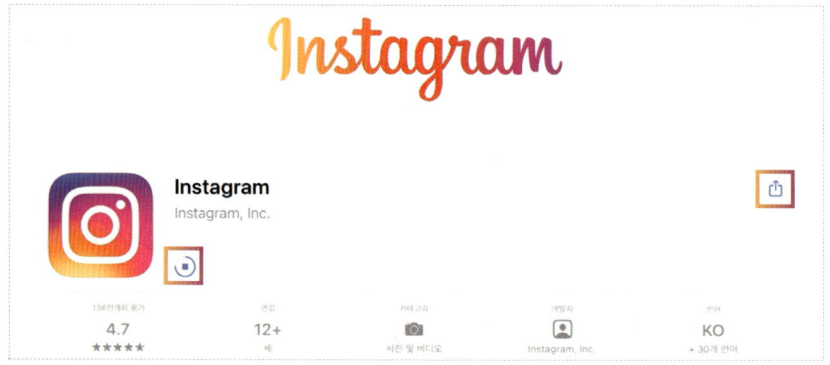

[그림 2-2] 인스타그램 설치 방법

# 02 인스타그램 회원가입

인스타그램 앱을 설치하여 회원가입을 진행합니다. 회원가입을 하면 바로 인스타그램 시작이 가능합니다. 다음과 같이 쉽게 계정을 만들고 SNS를 시작할 수 있습니다.

## 🛩 인스타그램 회원가입 방법

❶ 인스타그램의 계정을 만들기 위해서 새 계정 만들기를 클릭합니다.

❷ 전화번호 입력란에 나의 전화번호를 입력한 다음 하단의 [다음]을 클릭합니다. 전화번호 앞에 있는 KR +82는 대한민국의 국제전화 번호입니다. 나의 전화번호를 먼저 입력합니다.

❸ 인스타그램에서 사용하고 싶은 이름을 입력 후 하단의 [다음]을 클릭합니다.

[그림 2-3] 인스타그램 회원가입

[그림 2-4] 인스타그램 전화번호

[그림 2-5] 인스타그램 이름 추가

> ♥ **여기서 잠깐**
>
> 인스타그램 인증을 위해서는 전화번호 또는 이메일 중 편리한 것을 선택하여 입력하시면 됩니다. 전화번호로 인증을 하신다면 국외 발신이라는 이름으로 인증 문자가 옵니다. 이메일로 인증을 할 경우에는 입력한 메일로 인증번호를 받습니다. 받은 인증번호를 입력하면 다음 단계로 진행할 수 있습니다.

## ◢ 인스타그램 비밀번호 만들기

❶ 인스타그램에서 사용할 비밀번호를 만들어 입력합니다.

❷ 인스타그램에서 사용할 이름을 만들어 입력합니다. 이름이 생각나지 않는다면 인스타그램에서 자동 생성해주는 이름을 사용해도 괜찮습니다.

❸ 선택한 이름으로 가입하겠습니까? 라는 질문이 나오면 가입하기 버튼을 클릭합니다.

❹ 페이스북과 인스타그램은 다른 SNS 계정이지만 운영하는 회사는 같습니다. 페이스북의 친구 목록을 연동하면 페이스북 친구들 중에서 인스타그램을 하는 친구들을 찾을 수 있는 기능이 있습니다. 저는 [건너뛰기]를 선택해서 넘어갔습니다.

❺ 핸드폰에 저장되어 있는 전화번호에서 연락처로 저장된 사람들 중 인스타그램을 이용하는 이용자를 찾는 기능입니다. [건너뛰기]를 클릭하여 넘어갑니다.

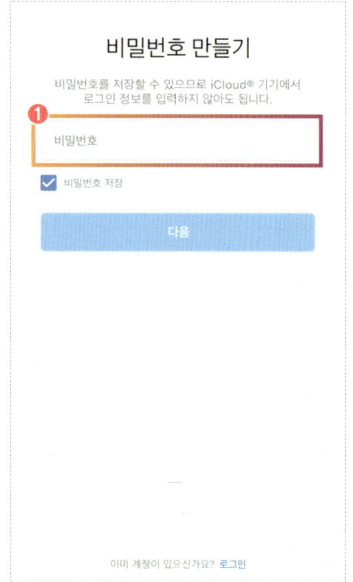

[그림 2-6] 인스타그램 비밀번호 만들기

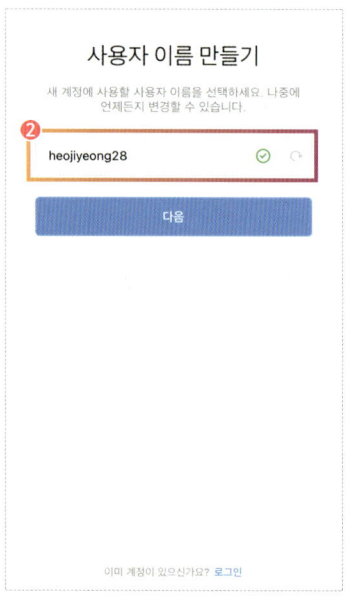

[그림 2-7] 인스타그램 사용자 이름 만들기

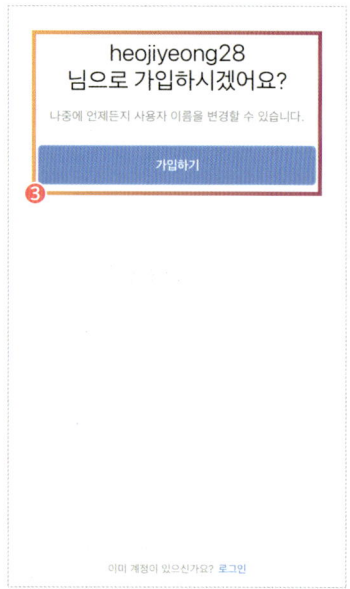

[그림 2-8] 인스타그램 가입하기

[그림 2-9] 인스타그램 친구 찾기

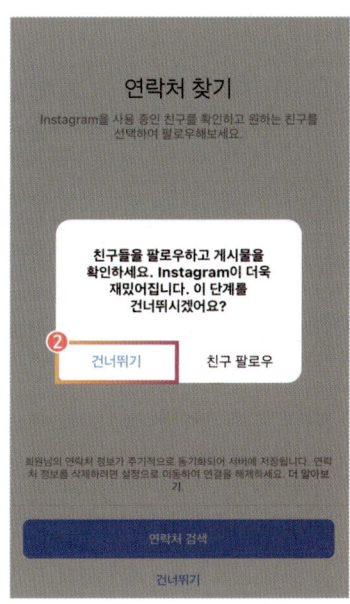
[그림 2-10] 인스타그램 팔로우 건너뛰기

## 🔽 인스타그램 친구 추가 기능

❶ 프로필 사진을 추가하라는 메시지가 나옵니다. 프로필 사진은 다음 챕터에서 다룰 예정이기 때문에 건너뛰기를 클릭합니다.

❷ 사람 찾아보기 기능은 인스타그램에서 나의 취향을 기반으로 사람들을 추천해주는 기능입니다. 이곳에서 사람들을 팔로우를 해도 괜찮지만 불필요한 계정들이 팔로우가 될 수도 있으므로 [다음]을 눌러줍니다.

❸ 인스타그램의 알림 설정을 다시 설정하도록 안내해주는 메시지 창입니다. 알림이 필요하면 [허용]을, 필요하지 않으면 [허용 안 함]을 누릅니다.

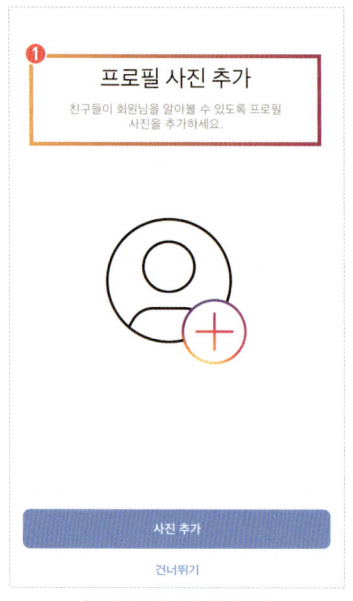
[그림 2-11] 사람 찾아보기

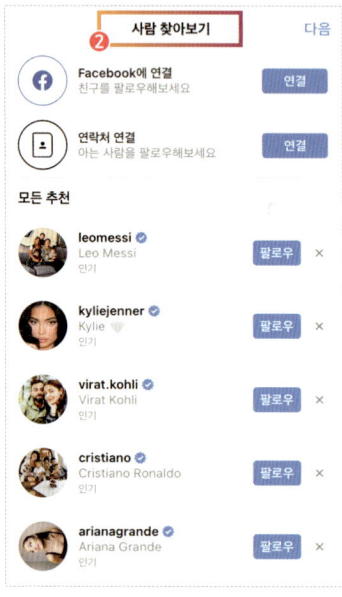
[그림 2-12] 사람 찾기

[그림 2-13] 인스타그램 알림 허용

회원가입이 모두 완료가 되었습니다. "Instagram에 오신 것을 환영합니다."라는 메시지를 확인할 수 있습니다. 지금은 아무런 콘텐츠가 없지만 나의 콘텐츠로 하나하나씩 채워질 것입니다. 인스타그램 즐겁게 시작해봅시다.

[그림 2-14] 인스타그램 시작하기

# 03 인스타그램 프로필이란?

나의 인스타그램 프로필 설정을 해야 합니다. 인스타그램 프로필에서 이름난에 아이디를 그대로 넣는 경우가 많습니다. 하지만 프로필은 검색에서(돋보기) 어떤 키워드를 검색했을 때 해시태그보다 더 먼저 검색이 됩니다.

네이버나 유튜브에서 검색을 했을 때 쉽게 찾을 수 있듯이 인스타그램에서도 쉽게 검색이 되어 유입으로 연결되는 부분이 중요합니다. 팔로워 및 잠재고객이 쉽게 검색할 만한 중요한 키워드 및 카테고리를 이름난에 넣습니다. 인스타그램에서 한글로 검색해도 나오도록 프로필을 설정합니다.

## 🛩 나의 프로필 설정하기

❶ **계정 아이디**: 나의 계정을 브랜딩 할 것이라면 아이디가 중요합니다. 나의 콘텐츠를 고려하여 아이디를 만들어 보시기 바랍니다.

❷ **프로필 사진**: 배경색도 잘 고려해서 프로필 사진을 넣어 주시면 신뢰감을 만들어줄 수 있습니다.

❸ **프로필 bio**: 나를 소개하는 공간입니다. 나의 퍼스널 브랜딩을 생각해서 나를 소개하는 글을 남겨 보시는 걸 추천해 드립니다.

[그림 2-15] 인스타그램 프로필

### 🔖 어떤 프로필 사진이 매력적일까?

프로필 사진을 넣을 때 여러 가지 고민이 됩니다. 저는 프로필 사진을 삽입했는데요. 대부분이 자신이 가지고 있는 사진 중 가장 잘 나온 사진을 선택할 것 같습니다. 가장 먼저 보여지는 이미지이기도 하니까요. 많은 사람들이 아는 브랜드 계정의 경우에는 당연히 회사 로고를 프로필 계정에 삽입하는 것을 추천해 드립니다.

[그림 2-16] 삼성전자 인스타그램 마케팅

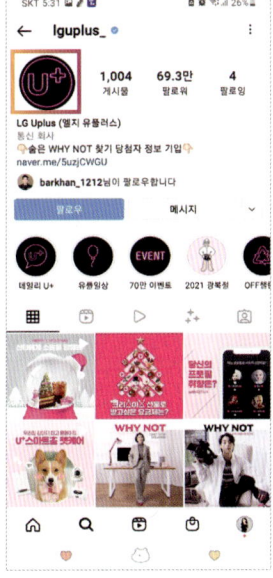

[그림 2-17] 현대백화점 인스타그램    [그림 2-18] LG전자 인스타그램

하지만 아직까지 대중의 인지도가 없는 신생기업이라면 나의 로고보다는 조금 더 친근한 이미지를 추천해 드립니다. 아무도 모르는 계정에 로고를 삽입하여 상업적 계정이라는 이미지를 주는 것보다 친근한 이미지로 프로필 설정을 해놓는 것이 더 매력적이고 친근하게 다가올 것입니다.

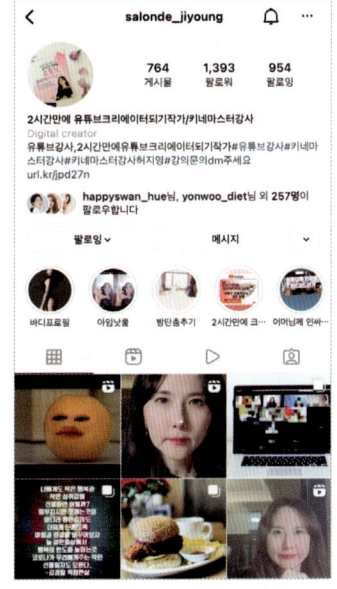

[그림 2-19] 프로필 사진(BEFORE)    [그림 2-20] 깔끔한 프로필 사진(AFTER)

## 🔖 인스타그램 프로필 설정하기

나의 프로필 사진을 업로드해 보겠습니다. 자신이 누구인지 어떤 내용으로 인스타그램을 이용하고 있는지 그리고 홈페이지나 블로그 혹은 유튜브 채널이 있으면 자세하게 링크를 걸어서 알릴 수 있습니다.

❶ 나의 프로필을 클릭합니다.

❷ 프로필 편집을 클릭하면 나의 프로필사진을 삽입할 수 있습니다.

❸ 프로필 사진 변경을 위해서 [프로필 사진 바꾸기]를 선택한 후 나오는 메뉴에서 원하는 방식을 선택합니다.

❹ **Facebook에서 가져오기**: 인스타그램 계정과 연동된 페이스북 계정에서 사진을 가져오는 메뉴입니다.

❺ **사진 찍기**: 스마트폰 카메라로 바로 사진을 찍어서 프로필로 등록할 때 사용하는 메뉴입니다.

❻ **라이브러리에서 선택**: 기존에 찍어서 스마트폰에 저장된 사진 중 하나를 골라서 프로필 사진으로 등록하는 메뉴입니다.

[그림 2-21] 인스타그램 프로필 편집하기

[그림 2-22] 인스타그램 프로필 사진 바꾸기

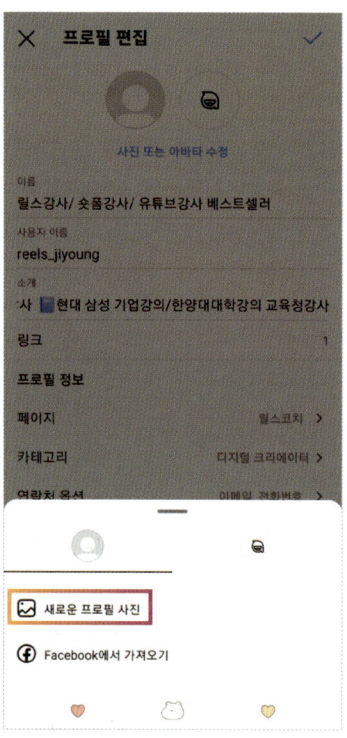
[그림 2-23] 갤러리에서 프로필 사진가지고 오기

♥ 엑세스 허용

인스타그램에서 사진을 업로드할 때 내 갤러리의 사진이 안 보이는 경우가 있습니다. 엑세스 허용이 보이신다면 엑세스 허용을 눌러 주셔야 나의 갤러리 사진이 보이니 유의해 주시기 바랍니다.

[그림 2-24] 인스타그램 엑세스 허용

## 🛩 인스타그램 사진 설정하기

앨범에서 마음에 드는 사진을 선택하고 오른쪽 상단에 [완료]버튼 눌러 프로필 사진 등록을 끝마칩니다. 프로필 사진 변경이 완료되었다면 기본적인 정보들을 입력해야 합니다.

❶ **이름**: 본명 혹은 인스타그램 네임을 인스타 네임을 정하였다면 입력합니다.

❷ **사용자 이름**: 인스타그램 ID입니다. 중복되지 않으면 언제든지 변경 가능하고 나를 상대방에게 알려주기 쉽게 만드는 것을 추천해 드립니다.

❸ **웹사이트**: 홈페이지, 블로그, 유튜브 (등의) 웹사이트를 넣는 곳입니다. 인스타그램에는 웹사이트를 한 개만 등록할 수 있으니 인포크링크를 이용해 자신의 여러 가지 웹사이트를 걸어 놓기도 합니다.

❹ **소개**: 인스타그램 프로필에 노출될 자신의 소개를 적습니다.

[그림 2-25] 인스타그램 프로필 사진 바꾸기

[그림 2-26] 인스타그램 프로필 변경

[그림 2-27] 인스타그램 프로필 편집

### ♥ 인포크링크란?

[그림 2-28] 인스타그램 인포크링크

인스타그램의 단점 중 하나가 URL 링크 활용이 어려운 것입니다. 인스타그램 자체에서는 URL 사용이 불가하고 오로지 프로필에 그것도 단 하나의 링크가 가능한데 활용도 측면에서는 불편합니다. SNS 활동을 통해 블로그나 유튜브, 스마트 스토어 등 다양한 랜딩페이지로 유입을 이끌고 싶은데 링크는 프로필에 1개뿐이니 클릭률과 전환은 현저히 떨어질 수밖에 없습니다. 피드에는 삽입이 아예 불가능하니 프로필 링크에 변화를 주는 것이고 그 방법은 멀티링크 사이트를 활용하는 것입니다. 링크 트리를 활용하여 다양한 랜딩을 여러 개 삽입해 보시기 바랍니다.

# 04 인스타그램 사진 한 장 업로드

인스타그램은 사진 이미지 기반인 SNS입니다. 사진 혹은 동영상이 매우 중요한 부분을 차지하는데요. 인스타그램은 사진을 1장 또는 10장까지 업로드할 수 있습니다.

## 같은 색감 및 느낌

인스타그램에서 사진을 업로드할 때는 여러 가지 주제로 사진을 업로드하는 것보다 같은 색감이나 느낌의 사진이나 사진 톤으로 사진을 업로드하는 것이 좋습니다.

색감을 다양하게 표현하거나 자신만의 콘텐츠를 꾸준히 공유하여 자신이 취미로 하고 있는 일을 콘텐츠로 업로드하며 계정을 운영하는 것을 추천해 드립니다.

[그림 2-29] 감각적인 인스타그램 사진

## 🛪 인스타그램 사진 한 장 업로드하기

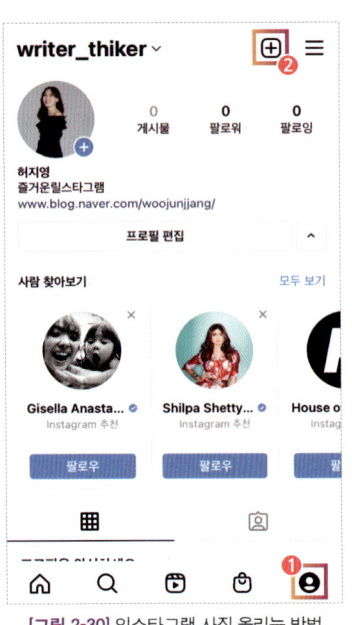

❶ 인스타그램 아래쪽 메뉴에서 나의 프로필을 클릭합니다

❷ 오른쪽 상단의 [+] 버튼을 클릭하면 사진 업로드를 할 수 있습니다.

[그림 2-30] 인스타그램 사진 올리는 방법

## 🛪 사진 업로드

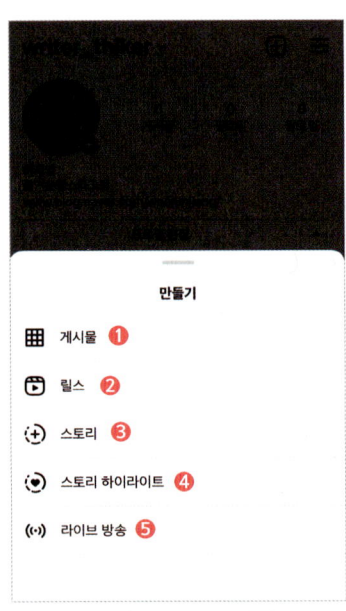

❶ **게시물**: 게시물 사진 또는 동영상을 업로드할 수 있습니다.

❷ **릴스**: 음악이 들어간 동영상을 만들어 업로드할 수 있습니다.

❸ **스토리**: 인스타그램 상단에 24시간 동안 유지되는 가벼운 게시물로 인스타그램 사용자들이 사랑하는 기능입니다. 24시간 뒤에 자동으로 지워지는 특성상 보관하기 어렵다는 단점이 있는데요. 인스타그램 스토리를 계속 유지하면서 나의 프로필에 스토리가 보이도록 하는 방법이 스토리 하이라이트입니다.

❹ **스토리 하이라이트**: 인스타그램 상단에 스토리 하이라이트를 담아둘 수 있습니다.

❺ **라이브 방송**: 실시간으로 팔로워들과 소통하는 기능입니다.

[그림 2-31] 인스타그램 사진 업로드

## 필터 선택

사진의 필터를 선택할 수 있는 창이 나타납니다. 인스타그램에서는 자체적으로 감각적인 다양한 필터를 제공하고 있으므로 별도의 사진 편집 앱을 사용하지 않더라도 얼마든지 간단하게 보정할 수 있는 것이 장점입니다.

[그림 2-32] 인스타그램 사진 업로드

[그림 2-33] 인스타그램 사진 한 장 업로드

❶ 갤러리에서 사진을 클릭한 후 핸드폰 상단의 다음을 클릭합니다.

❷ 원하는 필터를 클릭한 후 핸드폰 상단의 다음을 클릭합니다.

## 사진 업로드

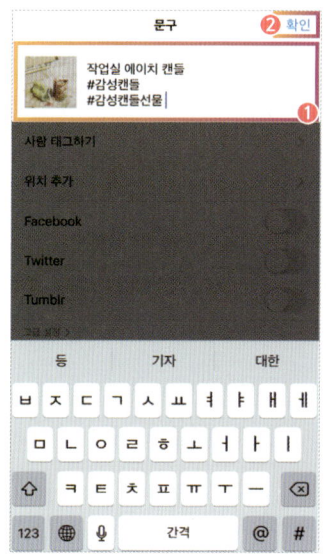

[그림 2-34] 인스타그램 사진 업로드

[그림 2-35] 인스타그램 사진 업로드 완료

❶ 원하는 문구를 삽입하고 해시태그를 삽입합니다.

❷ 오른쪽 상단에 [확인] 버튼을 클릭하면 업로드가 완성됩니다.

# 05 인스타그램 사진 여러 장 올리기

## 인스타그램 여러 장 사진 올리기

인스타그램은 하나의 게시물에 여러 개의 사진을 올릴 수 있습니다. 사진을 옆으로 넘기면서 확인할 수 있기 때문에 게시물이 더 풍성해지는 효과가 있습니다. 게시물 하나당 최대 10장까지 올릴 수 있습니다.

❶ 처음에는 사진 1장 올리기와 방법이 동일합니다. 내 채널에서 사진을 올리는 [+] 버튼을 클릭합니다.

❷ 게시물을 선택합니다.

[그림 2-36] 인스타그램 올리기

## 🔻 사진 선택

[그림 2-37] 인스타그램 여러 장 사진 업로드

❶ 올리고 싶은 사진을 순서대로 선택합니다. 최대 10장까지 가능하며 인스타그램에 사진이 올라갔을 때 표시되는 순서대로 보이므로 순서를 잘 정하는 것이 중요합니다.

❷ 원하는 순서대로 사진을 선택한 뒤 우측 상단에 있는 다음 버튼을 누릅니다.

## 🔻 필터 선택

[그림 2-38] 사진 업로드    [그림 2-39] 본문 캡션 쓰기

❶ 사진 1장을 올릴 때와 다르게 사진을 여러 장을 올리면서 필터를 선택할 수 있습니다.

❷ 필터를 선택한 후 우측 상단에 있는 [다음] 버튼을 눌러 넘어갑니다.

❸ 올린 게시물에 대한 캡션과 본문 해시태그를 삽입 후 오른쪽 상단의 v 버튼을 클릭합니다.

# 06 본문 캡션과 해시태그 삽입

인스타그램 캡션은 사진 아래에 쓰인 설명 글 부분을 말합니다. 인스타그램의 캡션 안에 일상 생활 속 나의 생각을 공유하면 나만의 이야기를 인스타그램에 담을 수 있습니다.

인스타그램 캡션은 약 330단어 또는 2,200자(이모지 포함/영어 기준)로 제한합니다. 글, 해시태그, 이모티콘의 조합으로 나의 일상이나 생각을 함께 공유하며 소통하시는 걸 추천해 드립니다.

### ▽ 캡션의 역할

중요한 정보를 제공하는 동시에 글쓴이의 생각을 알리기도 합니다. 또한 흥미를 유발하고 유머를 제공하고 브랜드의 개성이나 장점을 보여줍니다. 이를 통해 캡션은 참여를 유도합니다.

### ▽ 인스타그램 캡션을 잘 써야 하는 이유

캡션 안에 눈길을 사로잡는 이미지와 마음을 움직이는 글이 있다면 인스타그램 안에서 강렬한 관계를 구축할 수 있습니다. 이처럼 캡션은 관계 유지를 위한 소통의 창구이자 새로운 팔로워 확보를 위한 중요한 역할을 합니다. 글 안에 좋은 정보가 담겨 있다면 팔로워들이 나의 생각이나 소식 등에 공감할 수 있습니다.

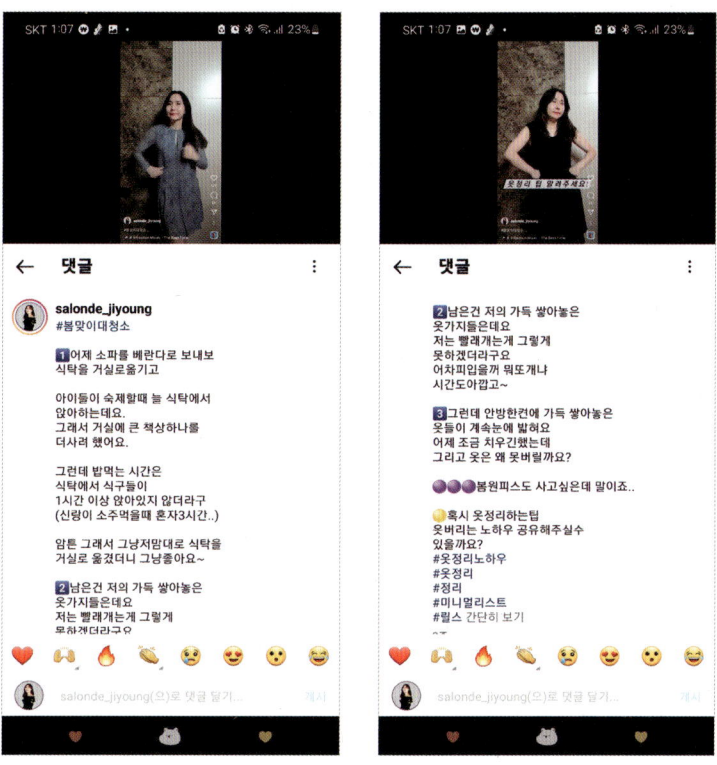

[그림 2-40] 인스타그램 캡션

# 인스타그램 용어정리

❶ **인스타**: 인스타(insta)는 인스타그램을 줄인 말입니다.

❷ **인친**: 인스타그램 친구 인스타그램에서 서로 팔로워를 맺고 댓글이나 좋아요로 소통하는 사이를 지칭합니다.

❸ **팔로워(Follower)**: 팔로워의 사전적인 의미는 추종자 신봉자 팬 유행을 따르는 사람 모방자와 같은 의미를 가지고 있습니다. 즉 팔로워는 나를 따르는 사람들입니다. 내가 작성한 글에 관심을 갖고 피드를 보기를 원하는 사람을 팔로워라고 합니다. 유튜브에 "구독자"같은 개념입니다. 팔로워가 많은 사람들을 "인플루언서"라고 합니다.

❹ **팔로잉(Following)**: 팔로우를 하고 있는 상태 (follow+ing) 내가 상대방을 친구로 추가한 사람입니다.

❺ **팔로우 (Follow)**: 팔로우의 사전적 의미는 따라가다 뒤를 잇다.뒤따르다의 뜻을 가지고 있습니다.블로그에서는 이웃 같은 개념으로 볼수 있고 유튜브는 구독과 같은 의미로 볼수 있습니다.

❻ **선팔**: 팔로우를 먼저 한 것으로 인스타그램에서 소통을 시작하는 방법입니다.

❼ **맞팔**: 블로그나 페이스북의 서로 친구 추가처럼 서로 팔로우하는 것으로 인스타그램에서 팔로워를 늘리는 적극적인 방법입니다.

❽ **언팔**: unfollow의 뜻으로 팔로우를 취소하는 것을 말합니다.

❾ **인스타 피드**: 나와 내가 팔로잉하는 사용자의 새로운 게시물을 보여주는 메인 기능으로서 나의 일상을 공유하고 소통하는 공간입니다.

[그림 2-41] 서로 팔로우가 안 된 상태

[그림 2-42] 내가 상대방에게 팔로워 신청한 상태

[그림 2-43] 상대방만 나를 팔로우한 상태

# 08 인스타그램 스토리 링크 걸기 기능

## 🔖 인스타그램 스토리

인스타그램 스토리는 24시간 동안만 콘텐츠를 공유할 수 있는 게시물입니다. 인스타그램 상단에 나의 프로필 사진과 함께 노출됩니다. 여러 개의 스토리를 업로드할 경우에는 슬라이드 쇼 형태로 표현되어 사진을 넘겨 가면서 확인할 수 있습니다. 사진에 필터를 적용하고 스티커를 넣을 수 있습니다. 상단에 나의 프로필 사진을 클릭하면 일상 공유를 하는 나의 스토리를 보실 수 있습니다. 스토리 게시물은 단 하루 동안만 팔로워들에게 노출되기 때문에 게시물보다 더욱 부담없이 일상을 공유하는 데 활용됩니다. 인스타그램에서 피드를 업로드할 때 링크 거는 기능이 없어서 다들 불편해 하셨는데요. 최근에 인스타그램 스토리에서 링크가 가능하도록 업데이트를 했습니다.

[그림 2-44] 인스타그램 스토리

## ▽ 인스타그램에서 스토리 링크를 거는 방법 (인스타그램 스토리에 스마트 스토어링크 바로가는 방법)

인스타그램 스토리 링크 기능은 초기 베타버전 단계에서 몇몇 인증된 유저에게서만 사용이 가능했었는데요. 이제 제약이 사라지고 모든 사람들이 공평하게 인스타그램 스토리 링크 스티커 기능을 사용할 수 있게 되면서 스토리 링크에서 다른 SNS를 소개하거나 블로그로 유입하는 것이 쉬워졌습니다. 다만, 인스타그램 측에서 정책에 위반되는 링크를 반복해서 올릴 경우 계정을 차단할 수 있다고 하니 주의해서 올리시기 바랍니다.

❶ 프로필 홈에서 [+] 버튼을 클릭합니다.

❷ 스토리를 클릭합니다.

❸ 스토리에 넣을 사진을 하나 선택한 후에 상단의 네모 스마일을 클릭합니다.

❹ 여러 스티커 모양이 나옵니다. 스티커 모양 중에서 링크 스티커를 클릭합니다.

❺ 원하는 링크 URL을 넣고 아래 미리보기 클릭하면 확인도 가능합니다. 오른쪽 상단의 [완료] 버튼을 누르시면 스토리 화면에 링크가 들어갑니다.

## ▽ 인스타그램 스토리 링크 삽입

하단의 내 스토리를 클릭하시면 스토리가 업로드됩니다. 내 스토리를 공유하면 링크로 바로 갈 수 있는 링크가 공유됩니다.

[그림 2-47] 인스타그램 스토리 링크 걸기

[그림 2-48] 원하는 링크걸기

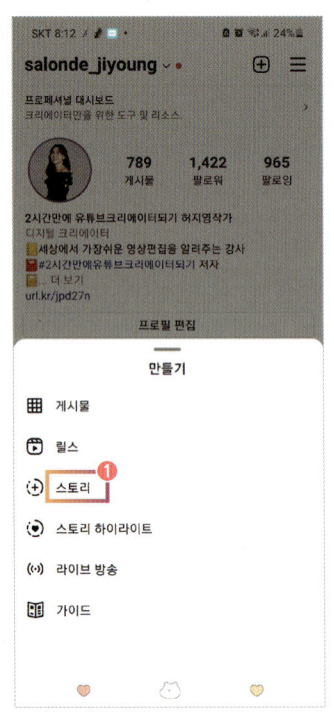

[그림 2-45] 인스타그램 스토리 업로드

[그림 2-45-1] 인스타그램 스토리 사진 선택

[그림 2-46] 인스타그램 스토리 스티커 클릭

[그림 2-47] 인스타그램 스토리 링크

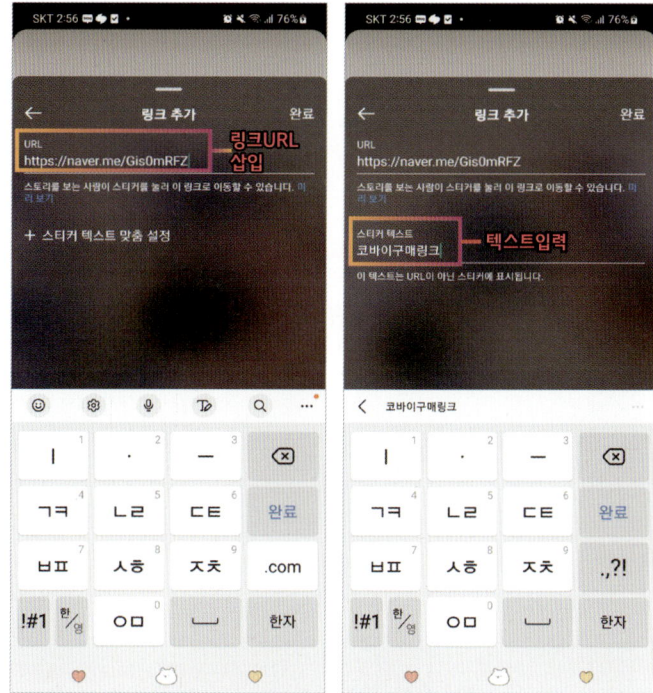

[그림 2-45] 인스타그램 URL 삽입드    [그림 2-49] 인스타그램 텍스트 삽입

[그림 2-50] 스토리 링크 완료

인스타그램 릴스를 만들기 전에 감각적인 이미지나 동영상을 사용하는 것이 효율적입니다. 감각적인 사진을 찾을 때 무료로 이미지를 가져다 쓸 수 있는 곳을 알려드립니다.

사진은 저작권이 있으므로 사용할 때 유의를 해야합니다. 개인적인 목적으로 사용한다고 하더라도 추후에 저작권 문제가 발생할 수 있으니 저작권이 자유로우면서도 무료로 이용할 수 있는 이미지 사이트를 이용하면 유용합니다.

상업적 환경 SNS 운영 등에서 사용하기 쉬운 무료 이미지 사이트를 소개하겠습니다.

# STEP3
# 알아두면 유용한 무료 이미지 사이트

# 무료 이미지 사이트

### 픽사베이(Pixabay)

https://pixabay.com/ko/

많은 분들에게 알려진 픽사베이는 가장 쉽게 접근할 수 있는 무료 사이트입니다. 2500만 개의 이미지와 동영상을 보유하고 있습니다. 일러스트와 무료 동영상 소스까지 갖추고 있어 벡터 그래픽 비디오 자료를 카테고리별로 선택해 다운받을 수 있습니다. 검색창에 찾고자 하는 주제를 적으면 다양하고 감각적인 사진을 찾을 수 있습니다. 무료 사진뿐 아니라 일러스트와 동영상 자료까지 찾을 수 있습니다. 해외 사이트이지만 한글로도 검색이 가능합니다.

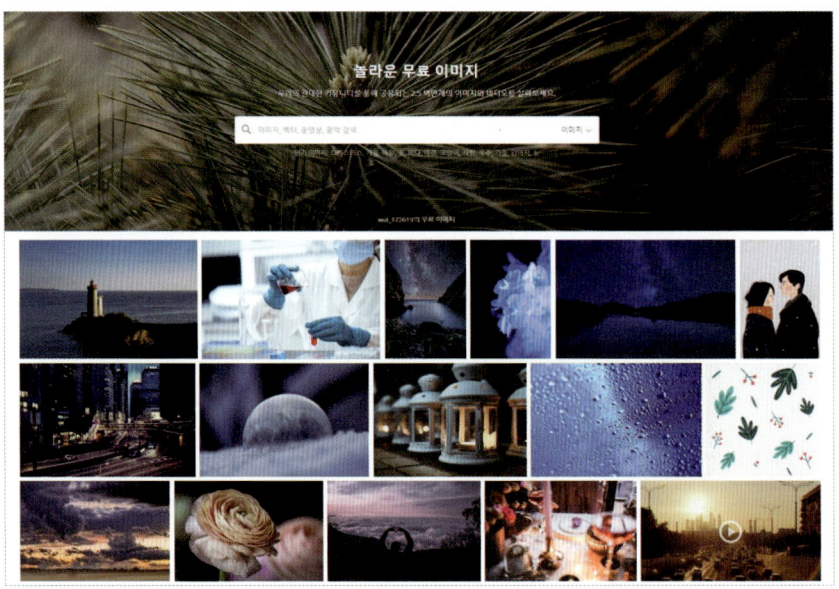

[그림 3-1] 무료 사이트 - 픽사베이

> ♥ **여기서 잠깐**
>
> 한글로도 검색이 가능하지만 해외 사이트이기 때문에 영어로 검색할 경우 좀 더 정확한 결과를 얻을 수 있습니다.

## ▽ 언스플래시(Unsplash)

https://unsplash.com/

10일마다 10장의 사진이 추가되며 고퀄리티의 사진들로 이루어져 있습니다. 찾고자 하는 사진을 영어로 검색해서 이미지를 찾아볼 수 있습니다.

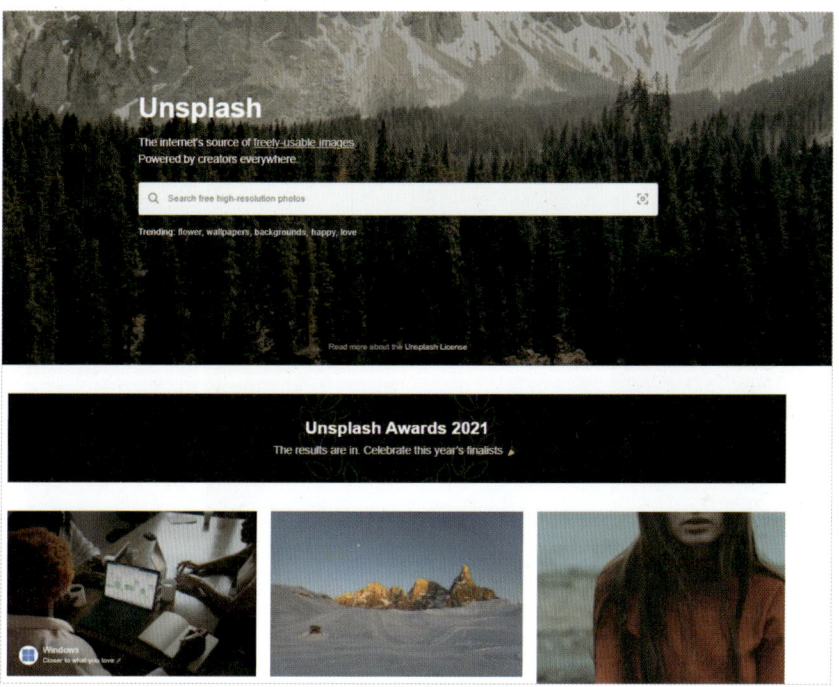

[그림 3-2] 무료 사이트 - 언스플래시

## 펙셀스(Pexels)

https://www.pexels.com/ko-kr/

펙셀스(Pexels)에서는 고화질의 감성적인 인물 사진을 검색하여 사용하실 수 있습니다.

모든 사진에는 알맞은 태그가 적용되어 검색이 수월하고 찾기 페이지를 통해 쉽게 찾아볼 수 있습니다.

[그림 3-3]무료 사이트 - 펙셀스

## 스톡 업(STOCK UP)

https://stockup.sitebuilderreport.com/

무료 이미지를 공개한 사이트들의 이미지를 한곳에 모아서 보여주는 서비스를 제공합니다. 그만큼 방대한 무료 이미지를 찾아 볼 수 있습니다.

[그림 3-4] 무료 사이트 - 스톡 업

## 나운 프로젝트(Noun Project)

https://thenounproject.com/

사진이 아닌 무료 픽토그램을 제공합니다. PPT 제작 등 심플한 아이콘이 필요할 때 이용해보기 좋습니다. 일러스트 느낌이 들어간 이미지들도 많아서 포스팅에 활용하기 좋은 것들도 있습니다.

[그림 3-5] 무료 사이트 - 나운 프로젝트

# 알아두면 유용한 무료 동영상 소스 사이트

요즘 트렌드는 역시 동영상입니다.

인스타그램 릴스도 여러 가지 감각적인 동영상을 음악에 맞춰 활용하고 있습니다. 직접 촬영한 영상을 100% 활용하면 좋겠지만 개인이 쉽게 촬영하기는 힘든 멋진 영상을 나의 동영상에 섞어 준다면 보다 매력적인 영상이 만들어집니다.

실제로 저도 릴스 동영상을 작업할 때 감각적인 영상을 만들기 위해 무료 사이트를 이용해 동영상을 다운받고 음악에 맞춰 릴스 영상을 편집하기도 합니다. 동영상은 사진에 비해 유료로 제공되는 경우가 더 많은데요. 다행히도 사진처럼 동영상 역시 무료로 이용할 수 있는 사이트들이 많이 있습니다.

## 픽사베이(Pixabay)

https://pixabay.com/

무료 사진 사이트이면서 무료 동영상 소스도 이용할 수 있는 사이트입니다. 다양한 영상 소스를 가지고 있으면서 상업적 용도로도 활용 가능한 영상 클립들이 많아서 유용한 사이트 입니다. 출처를 밝히지 않아도 사용할 수 있다는 장점도 있습니다.

[그림 3-6] 무료 동영상 사이트 - 픽사베이

픽사베이(Pixabay)에서 검색할 때 검색창 우측에 있는 메뉴를 눌러 비디오로 바꾼 뒤 검색하면 동영상 소스를 골라낼 수 있습니다. 한글로도 검색이 가능해서 누구나 편리하게 이용할 수 있습니다. 인트로 애니메이션이나 여러 가지 효과 등 멋진 영상 소스들을 찾아 다운받으실 수 있습니다.

## ▽ 펙셀스(Pexels)

https://www.pexels.com/videos

멋진 영상들을 두루 갖추고 있는 사이트입니다. 동영상을 상업적으로 활용할 수 있으며 저작권자 표시를 하지 않아도 되는 라이선스입니다. 카테고리별로 분류가 잘 되어있으며 원하는 영상을 찾기가 수월합니다. 아름다운 영상 클립이 많으니 많이 찾아보시기바랍니다.

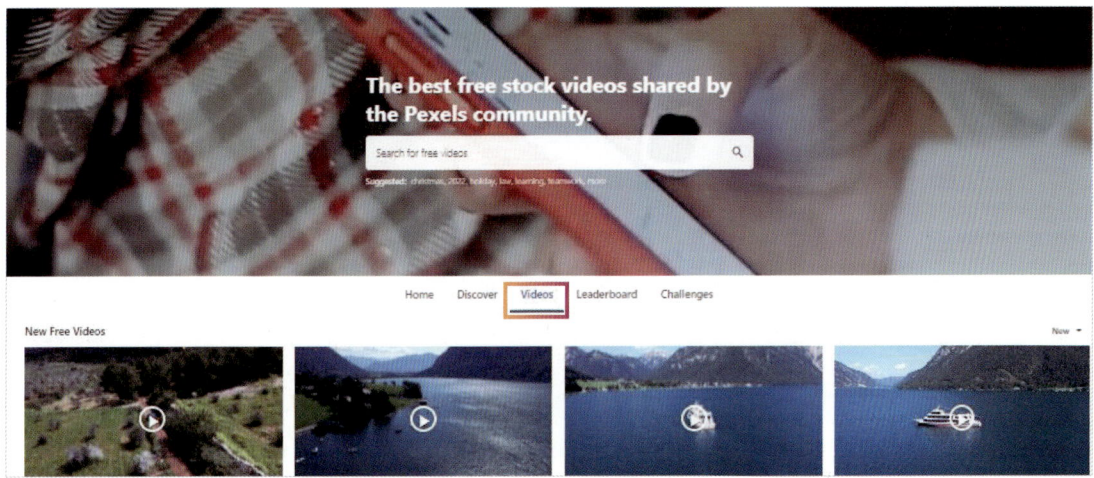

[그림 3-7] 무료 동영상 사이트 - 펙셀스

## 커버(Coverr)

https://coverr.co/

2015년에 설립된 커버(Coverr)는 매달 5백만 번 이상 다운로드되고 110만 번 조회되는 수천 개의 고품질 무료 비디오 카탈로그를 제공합니다.

Coverr.co에 게시된 모든 비디오는 상업적 및 비상업적 목적으로 무료로 사용할 수 있지만, 동영상에 상표, 로고 또는 브랜드나 동영상에서 알아볼 수 있는 사람의 이미지가 포함된 비디오를 다운로드하는 경우 브랜드 소유자 또는 개인의 허가가 필요할 수 있습니다.

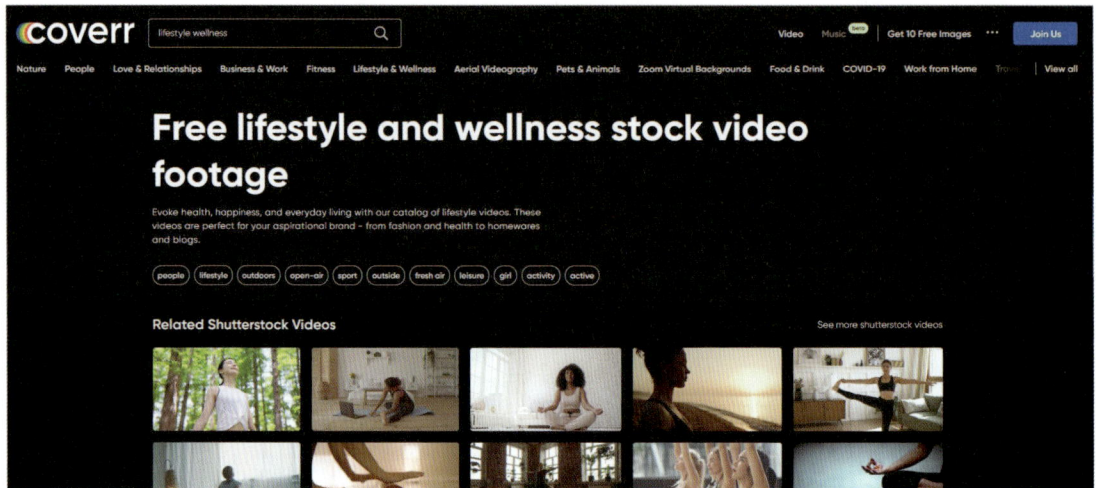

[그림 3-8] 무료 동영상 사이트 - 커버

# STEP 4

# 인스타그램 릴스

# 요즘 대세 숏폼 콘텐츠에 주목하자

틱톡, 인스타그램 릴스, 유튜브 쇼츠가 대표적인 숏폼 콘텐츠 플랫폼입니다. 숏폼 시장은 더욱 크고 다양해지고 있습니다. 최근 몇 년간 MZ세대의 스낵 컬처(Snack Culture) 바람을 기점으로 성장해 온 숏폼 콘텐츠는 현재 다양한 연령의 트렌드로 자리 잡으며 인기를 끌고 있습니다.

## ▽ 숏폼 콘텐츠란?

말 그대로 짧은 길이의 영상으로, 몇 초에서 10분 전후의 영상까지 그 종류가 다양합니다. 넘쳐나는 콘텐츠 속에서 시청자의 이탈을 막기 위해 짧은 시간 내에 직접적인 스토리 구성을 이룬다는 특징이 있습니다.

숏폼 콘텐츠는 TV보다 모바일 기기가 익숙한 Z세대(1990년대 초반~2000년대 초반에 걸쳐 태어난 세대)가 콘텐츠의 주 소비자로 자리 잡으면서 활발하게 소비되고 있습니다. Z세대는 소비할 콘텐츠의 양이 방대해진 환경에서 짬이 날 때마다 볼 수 있는 효율적인 소비를 중시합니다. 이에 따라 짧은 길이의 숏폼 콘텐츠가 각광받고 있습니다.[1]

| 릴스 | 구분 | 틱톡 |
|---|---|---|
| 15~30초 | 영상 길이 | 15초~1분 미만 |
| 미국, 브라질 등 50개 지역 | 지역 | 중국, 미국 등 150개 지역 |
| 2021년 2월 | 국내 출시 | 2017년 11월 |
| 1,725만명 | 국내 월간순이용자수(MAU)* | 359만명 |
| 전 세계 10억명의 인스타그램 유저 | 강점 | 숏폼 플랫폼 시장 선점 효과 |

*는 지난해 12월 기준, 각 플랫폼 자체 MAU, 자료=각 사 · 모바일인덱스

[그림 4-1] 짧은 동영상 시장 경쟁 업체

숏폼 콘텐츠의 대표주자인 틱톡은 중국에서 만들어진 세로형 숏폼 플랫폼입니다. 전 세계적으로 15초 미만의 영상이 틱톡을 통해 뻗어 나가면서 글로벌 젊은 세대들이 틱톡을 사용하고 있습니다. 현재 2021년 하반기 기준으로 월 10억 명이 쓰는 세계적인 플랫폼이 되었습니다. 그래서 유튜브를 이용하던 많은 사람들이 틱톡으로 이동하였고 이로 인해 위기를 느낀 유튜브는 앱 내에서 쇼츠(shorts)라는 숏폼 카테고리를 만들어 틱톡에 대항하기 시작했습니다. 유튜브는 최대 60초까지 재생 시간을 지원하는 유튜브 쇼츠를 활성화하고 있습니다. 쇼츠는 동영상 제작 도구인 쇼츠 카메라를 통해 촬영이 가능하고 60초 미만의 동영상을 자유롭게 업로드할 수 있도록 지원합니다.

서비스 플랫폼별 주요 유저 기반의 숏폼 콘텐츠 노출 및 원소스 멀티 유즈 형태의 플랫폼 간 콘텐츠 연동과 확산으로 전 세대에 걸친 숏폼 콘텐츠 소비와 생산 확대를 예상할 수 있습니다.

[그림 4-2] 틱톡, 인스타그램, 유튜브 숏폼 콘텐츠 소비 세대

[그림 4-3] 유튜브 쇼츠　　　[그림 4-4] 인스타그램 릴스　　　[그림 4-5] 틱톡

## 숏폼 영상이 SNS 트렌드가 된 이유는?

영상 시청 시간은 길어졌지만 한 영상에 체류하는 시간은 짧아진 콘텐츠 시청 패턴이 정착되면서 숏폼 영상이 인기를 얻고 있습니다. 넘쳐나는 콘텐츠 속에서 효율적인 소비를 원하는 사람들에게 짧은 형식의 콘텐츠가 각광받게 된 것입니다. 특히 최근에는 1분 이내의 숏폼 콘텐츠가 다양한 연령의 마음을 사로잡으며 전성시대를 맞이하고 있습니다.

유튜브 영상은 가로화면으로 시청할 수 있는 반면 숏폼 콘텐츠는 스마트폰을 세로 화면으로 보는 상태에서 다시 가로로 회전시키지 않고 위아래로 빠르게 피드를 넘기며 영상을 시청할 수 있습니다. 한국 MZ세대의 광고 효과 조사에서도 가로형보다 세로형 광고 콘텐츠 영상에 흥미를 느끼는 비율이 17.65% 더 높은 것으로 나타났습니다.

MZ세대의 경제활동 진출이 늘어나면서 소비시장에 중요성도 커지고 있습니다. 이모티콘이나 움짤만으로 의사소통하는 MZ세대는 짧고 간결한 메시지로 소통하는 것을 선호합니다. 조사에 따르면 Z세대인 10대 연령층의 절반이 넘는 56%가 10분 미만의 단기 동영상 콘텐츠를 선호하는 것으로 나타났습니다.

15초라는 짧은 시간은 콘텐츠 소비 시간에 대한 부담을 덜어 주기 때문에 이동 중에도 편하게 즐길 수 있습니다. 가볍게 즐길 수 있는 재미가 숏폼 콘텐츠의 핵심입니다.

| 플랫폼명 | 서비스명 | 유형 | 출시일 | 국내서비스 | 최대지원초수 | 인플루언서 지원사항 | 기타특징 |
|---|---|---|---|---|---|---|---|
| ByteDance | 틱톡(TikTok) | 숏폼 특화 | 2016.09 | O | 60초 | 틱톡 크리에이터 지원 펀드 올해 7월부터 3년간 10억 달러 이상 확대 목표 | 숏폼 동영상 플랫폼 선두 사업자, 듀엣, 이어찍기 등 UGC 영상 2차, 3차 활용에 특화 |
| Google | 쇼츠(Shorts) | 기능 탑재 | 2021.03 | O | 60초 | 쇼츠 크리에이터 지원 목적의 1억 달러 펀드 조성(6월), 2022년까지 운영 예정 | 2020년 9월 인도에서 베타 서비스 시작, 현재 한국을 포함한 글로벌 테스트 진행 중 (국내의 경우 제작 기능 미제공) |
| Google | 탄지(Tangi) | 숏폼 특화 | 2020.01 | X | 60초 | (베타서비스 단계, 영상 게재를 위한 별도 신청 필요) | 아트, 쿠킹, DIY(Do It Yourself), 패션/뷰티, 라이프스타일 등 분야의 하우투(how-to) 콘텐츠 지향 |
| Facebook | 릴스(Reels) | 기능 탑재 | 2020.08 | O | 30초 | 틱톡 일부 크리에이터 대상으로 릴스 사용 유도를 위해 최대 수십만달러 장려금 지급 | 인스타그램 앱 내 릴스탭을 통해 서비스 제공, 10억명 글로벌 사용자 기반의 확장성과 용이성 확보 |
| Twitter | 바이트(Byte) | 숏폼 특화 | 2020.01 | X | 6초 | 영상 인기도에 따라 레벨1~레벨5로 나눠, 등급별 동등한 수익금을 제공 | '바인(Vine)'의 후속 서비스로, 서비스명 변경 후 재출시 영상의 길이가 타 숏폼 플랫폼 대비 매우 짧음 |
| Snap | 스포트라이트(Spotlight) | 기능 탑재 | 2020.11 | X | 60초 | 연말까지 인기 차트 최상위권 크리에이터 대상으로 하루에 100만 달러를 매일 상금으로 지급 계획 | 과도하게 정치적이거나 잘못된 정보를 포함한 콘텐츠 지양, 광고 게재 경우에도 일정 기간 보류 예정 |

[그림 4-6] 숏폼 콘텐츠 특징

❤ **MZ세대란?**

1980년대 초 2000년대 초에 출생한 밀레니얼 세대와 1990년대 중반~2000년대 초에 출생한 Z세대를 통칭하는 말입니다.

디지털 환경에 익숙하고 최신 트렌드와 이색적인 경험을 추구하는 경향이 있습니다.

디지털 환경에 익숙한 MZ세대는 모바일을 우선적으로 사용하고, 최신 트렌드와 남과 다른 이색적인 경험을 추구하는 특징을 보입니다. 특히 MZ세대는 SNS를 기반으로 유통시장에서 강력한 영향력을 발휘하는 소비 주체로 부상하고 있습니다.

# 인스타그램 릴스 출시

2021년 2월 2일, 온라인 사진 공유 및 사회 관계망 서비스 인스타그램(Instagram)이 숏폼(Short-form) 영상 콘텐츠인 릴스(Reels) 서비스를 선보였습니다. 릴스는 15초~90초의 짧은 동영상을 공유하는 서비스입니다. 릴스는 인스타그램 플랫폼에서 사용이 가능한 동영상 편집 기능입니다. 이용자들은 릴스를 활용해 15초부터 30초까지 짧은 길이의 영상을 촬영하고 편집해 공유할 수 있습니다. 릴스에서 직접 영상을 촬영해도 되고 저장해 둔 영상을 불러와 자유롭게 편집할 수 있는 기능도 있습니다. 사전에 촬영된 영상을 불러 다양한 크리에이티브 도구를 활용해 실시간으로 영상을 제작할 수 있는 서비스입니다. "REELS란 영화필름이나 녹음 테이프를 감아 재생하거나 보관하는 데 사용되는 기구를 의미합니다." 요즘에는 잘 사용하지 않지만 과거 사진을 필름에 담던 시절에 사용되던 물건의 명칭입니다. 오늘날 필름이 아닌 디지털화된 각종 플랫폼이나 기기를 통해 영상을 공유하는 시대에 수많은 사람들의 추억을 담아 오던 "REELS"처럼 인스타그램 릴스 또한 "사람들의 추억을 담아낸다"는 의미를 담고 있는 게 아닐까 하는 생각이 듭니다.

[그림 4-8] 인스타그램 릴스

## 🔻 인스타그램 릴스 출시 배경

인스타그램이 숏폼 영상 콘텐츠 시장 확대에 나선 이유는 미래 콘텐츠 주요 소비자인 MZ세대 사이에서 부는 단기 동영상 열풍 때문으로 분석됩니다. 인스타그램도 15~30초의 숏폼(짧은 동영상) 서비스 "릴스(Reels)"를 국내에 공식 출시하며, 짧은 영상 콘텐츠인 "숏폼" 강자 틱톡에 도전장을 내밀었습니다. 릴스는 15~30초 사이의 짧은 영상을 인스타그램에 공유할 수 있도록 만든 기능입니다. 음악을 삽입할 수도 있고 여러 가지 효과도 삽입할 수 있습니다. 동영상 클립도 원하는 만큼 사용할 수 있으며 자신이 원하는 구성으로 편집할 수 있습니다.

[그림 4-9] 인스타그램 릴스

## 🔻 인스타그램의 최신 숏폼 플랫폼 릴스(Reels)란?

15~30초 분량의 짧고 재미있는 동영상입니다. 좋은 음악에 알맞은 적합한 콘텐츠를 새로운 도구를 활용하여 비디오를 녹화 및 편집, 공유할 수 있는 숏폼 플랫폼입니다. 사용하기 쉬운 텍스트와 필터, 오디오로 릴스 앱에서 쉽게 편집하여 업로드할 수 있습니다.

## ▽ 인스타그램 릴스의 장점

### ① 노출

인스타그램에서 릴스를 가장 많이 노출해주고 있습니다. 인스타그램 릴스는 2021년 2월 2일 프로필 탭 하단 메인 버튼 탭 버튼을 통해 배치되었습니다. 인스타그램은 릴스에 다양한 콘텐츠를 제작할 수 있는 서비스를 계속 업데이트 중이며 이는 사용자들에게 왜 릴스를 사용해야 하는지 강력한 의미를 주고 있습니다.

더욱이 지난해 4월 인스타그램은 긴 영상 콘텐츠로 방향을 정하면서 최대 1시간 길이의 영상 서비스인 IGTV(인스타그램 TV) 앱 개편에 주력했었습니다. 하지만 이후 릴스를 출시하고 IGTV를 철회함으로써 숏폼 시장으로 전략을 선회한 것으로 보입니다. 릴스는 2020년 6월~8월 미국, 독일, 프랑스 등 50여 개국에 먼저 서비스를 시작했고 2월초 한국에 서비스를 출시하였습니다. 한국이 다른 나라보다 서비스가 늦었던 이유는 인스타그램 릴스가 매우 중요하게 생각하는 음악과 관련한 한국의 음악저작권 협상 때문에 늦어졌다고 합니다.

### ② 인기 게시물 영역

인스타그램에서 릴스 노출은 바로 홈 피드에서 릴스의 이미지와 동영상 게시글 사이에 끼워져 있다는 점입니다. 또한 릴스를 주목하는 이유는 검색 결과에서 릴스가 상위에 노출이 가장 많이 된다는 점을 꼽을 수 있습니다. 인스타그램을 하면서 새로운 계정을 발견하고 팔로우를 하는 과정에서 중요한 영역은 바로 "검색 영역"과 "해시태그"입니다.

검색 영역을 살펴보면 가장 높은 인기 게시 글에 인스타그램 릴스의 자리를 확인할 수 있습니다. 인스타그램 팔로워를 늘리기 위한 가장 좋은 방법은 검색에 노출이 되는 것인데요. 릴스를 활용해 콘텐츠를 노출시키는 것이 가장 효과적입니다.

아래의 사진을 보면 인기 게시물에서도 가장 첫 번째로 자리 잡은 것은 릴스입니다.

[그림 4-10] 검색 릴스 1순위

[그림 4-11] 릴스가 가장 우선순위에 위치

### ♥ 릴스만 보려면 어디서 검색할 수 있을까요?

인스타그램 하단 가운데 릴스 탭이 존재합니다. 클릭하시면 인스타그램에서 추천된 릴스를 볼 수 있습니다. 유튜브 알고리즘처럼 인스타그램 릴스에서도 나의 취향에 맞춰 내가 자주 보는 콘텐츠가 릴스 탭에서 보여질 것입니다.

[그림 4-12] 릴스 메인 버튼 위치

STEP4. 인스타그램 릴스

# 03 릴스를 만들 때 중요원칙

### ▽ 9:16 세로 화면으로 만들기

가로로 찍은 영상은 아래위가 검은색으로 잘려 화면이 꽉 차게 보이지 않아 집중도가 낮아집니다. 이제는 세로 콘텐츠의 시대입니다. 세로 화면이 꽉 차게 촬영하여 업로드하는 것을 추천해 드립니다.

### ▽ 눈에 띄는 도입부

첫 3초 안에 궁금증을 자극해야 합니다. 호기심을 자극하는 문구, 화면전환, 다양한 카메라 각도, 멋진 연출 등을 활용하는 것을 추천해 드립니다.

### ▽ 깨끗한 화질

해상도 낮은 화질은 매력이 떨어집니다. 촬영 시 화질을 높게 세팅하여 깨끗한 화면으로 촬영하는 것을 추천해 드립니다.

### ▽ 일관된 콘텐츠

인스타그램에 일상, 음식, 취미생활 등 여러 가지의 콘텐츠를 나열하는 것보다 일관된 나의 정보를 주고 하나의 콘텐츠로 올리는 것을 추천해 드립니다.

[그림 4-13] 릴스 검은 화면이 보이는 경우   [그림 4-14] 릴스 꽉 찬 화면

# 04 릴스 마케팅 중요 원칙

한 가지 콘텐츠로 릴스 게시물을 올리다 보면 탐색 탭에 노출이 됩니다. 예를 들어 꽃 콘텐츠를 매일 올린 A라는 계정이 있고 댄스를 매일 올린 B라는 계정이 있습니다. 그런데 댄스 계정인 B가 한 번 해시태그를 사용하여 꽃을 올렸습니다. 인스타그램 알고리즘은 어쩌다 한 개 올린 계정의 해시태그를 추천해주지는 않습니다. 한 개의 콘텐츠로 비슷한 해시태그를 올리는 것이 릴스 알고리즘에 유리합니다. 한 가지 테마의 릴스로 꾸준히 만드시는 것을 추천해 드립니다.

[그림 4-16] 일관성 있는 릴스 콘텐츠

[그림 4-17] 꽃 정보를 알려주는 콘텐츠

[그림 4-18] 음식 콘텐츠 릴스

## 🔻 인스타그램 릴스 탭에서 많이 보기

릴스 탭을 클릭해서 보다 보면 요즘 어떤 릴스가 많이 유행하고 어떤 음악이 상위에 뜨는지 알 수 있습니다. 릴스 탭에는 릴스가 추천해주는 릴스가 뜨기 때문에 조회수가 높은 릴스가 나타납니다. 자세히 보면 같은 음악이 여러 번 등장하는 걸 알 수 있습니다. 릴스에는 우리가 만들어낸 트랜드가 존재합니다. 영상과 잘 어울리는 노래를 곁들여 영상을 만들었는데 다른 사람들도 나와 같은 비슷한 영상을 만들어 올린다면 그것이 트랜드가 형성되는 과정입니다. 인스타그램에서 운영하고 있는 @CREATOR 채널을 보시면 유행하는 릴스나 인스타그램의 정보를 빠르게 받아 보실 수 있습니다.

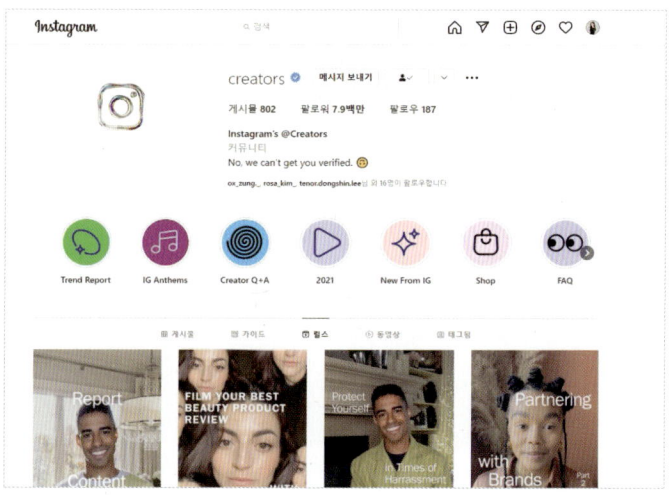

[그림 4-19] 인스타그램 크리에이터 계정(인스타그램에서 운영하는 계정)

> ♥ 릴스 코치가 알려주는 팁
>
> ① 짧게 만들기
> ② 유행하는 음악 삽입하기
> ③ 트랜드에 맞는 영상 만들어보기
> ④ 일관된 콘텐츠
> ⑤ 일주일에 3개 정도 업데이트

릴스는 원래 짧은 동영상인데 30초 정도 보다 더 짧게 만드는 것을 추천해 드립니다. 릴스 알고리즘 중에 중요한 요소 하나가 시청 시간입니다. 동영상을 콘텐츠로 하는 플랫폼에서는 시청 시간을 중요하게 생각합니다. "좋아요" 보다 시청 시간에 더 가중치를 두고 있습니다. 유튜브 알고리즘과 마찬가지로 내 영상을 끝까지 봤느냐가 중요합니다. 물론 내 콘텐츠가 재미있고 유익해서 30초를 채우는 것도 중요하지만 그것보다는 영상을 몇 퍼센트까지 봤느냐가 중요하므로 짧게 만드는 것이 유리합니다. 15초 안쪽으로 만드는 것을 추천해 드립니다.

| 중요 핵심 |

차라리 짧게 만들어서 처음부터 끝까지 보게 만들자!

"릴스는 동영상만 만들 수 있는거 아닌가?"라고 생각하시는 분이 계실 텐데요. 사진만으로 충분히 멋진 릴스를 만들 수 있습니다. 비트와 사진이 딱딱 떨어지는 음악을 맞추면 멋진 릴스 영상을 만들 수 있습니다. 하지만 릴스 내에서 사진을 붙이면 릴스가 동영상이라고 인식을 못할 수도 있으니 키네 마스터나 캡컷 등의 동영상 편집 어플을 사용하는 것을 추천해 드립니다. 동영상과 사진의 조합으로도 감각적인 릴스 영상을 만들 수 있습니다.

# 인스타그램 릴스 전략

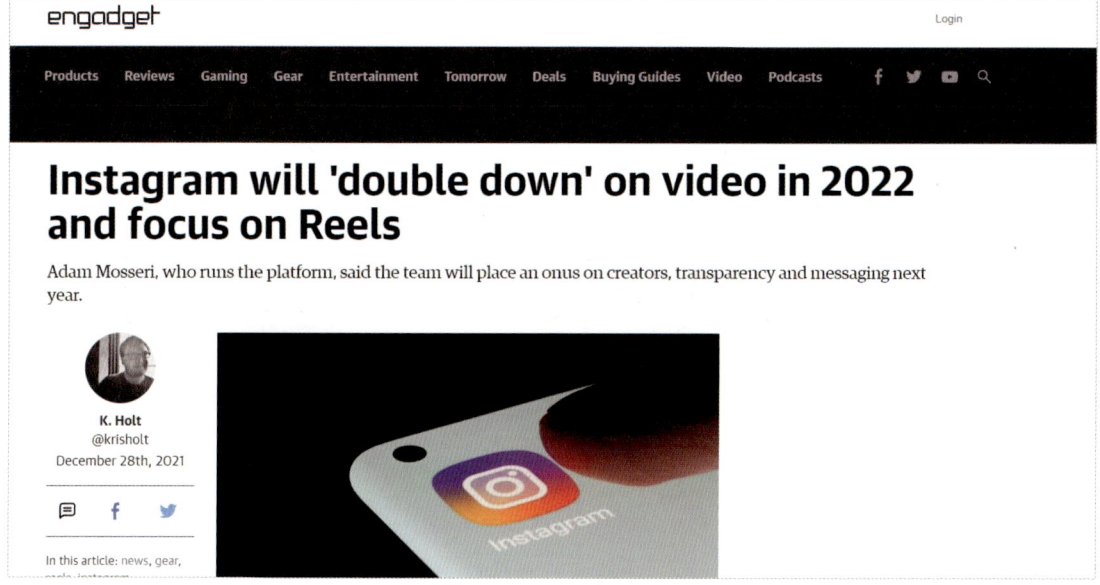

[그림 4-20] 인스타그램 2022년 발표

인스타 CEO인 아담 모세리가 본인 인스타에서 직접 밝힌2022년 인스타 전략입니다. 첫 번째는 릴스입니다.

We are going to double down our focus
on video - we're no longer just a photo-sharing
app, and will consolidate all of our video formats around Reels and
continue to grow the product.

모세리에 의하면 인스타는 더 이상 사진 공유 앱이 아니며 영상에 더욱더 집중할 것이고 모든 영상 형태를 릴스를 중심으로 통합하고 릴스를 지속적으로 성장시킬 것이라고 발표했습니다.

두 번째는 메시지입니다.
인스타그램 메시지(댓글이나 DM)를 사람들이 온라인에서 관심사에 대해 서로 소통하는 주된 방식으로 이해하고 적용할 예정이라고 발표했습니다. (릴스로 댓글 다는 기능도 최근에 추가가 되었고 소통 방식도 더 다양해질 예정입니다.)

세 번째는 투명성입니다.
통제력(좋아요 숨기기 기능이나 인스타 피드 보는 방식을 맞춤 설정하는 등의 다양한 시도 중)만큼 투명성에도 비중 부여하여 모두가 이해할 수 있는 알고리즘을 구축할 입니다.

네 번째는 크리에이터입니다.
다양한 산업에서 기업에서 개인으로 파워가 이동하는 핵심 동력이 크리에이터입니다. 인스타도 크리에이터를 위한 수익화 방안을 다양화할 예정입니다.

빠르게 변화하는 세상에 대비해 지속적으로 인스타 정체성은 변화할 예정이라고 합니다.

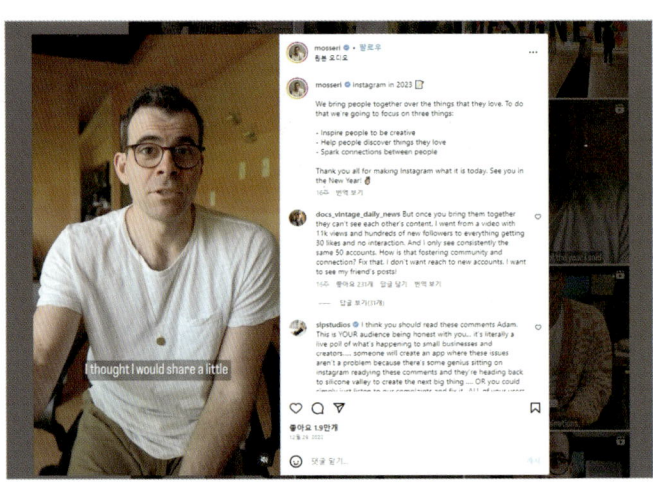

[4-20-1] 인스타그램 2023년 방향발표 인스타그램 CEO아담모세리

2023년 인스타그램 전략입니다. 2022년 인스타그램 릴스에 포커스를 맞춘것과 다르게 2023년도에는 인스타그램 플랫폼이 2022년에 너무 많은 동영상을 보여줬다면서 올해는 다시 사진에 초점을 맞추기로 했습니다. 인스타그램 스토리 Q&A에서 대표인 아담 모세리(Adam Mosseri)는 사진이 앱의 초점으로 남을 것이며, 이 점에서 올바른 균형을 유지하는 것이 핵심이 될 것이라고 덧붙였습니다. 카드뉴스와 릴스 동영상의 균형을 유지하여 업로드하시는것을 추천드립니다.

# 06 릴스 영상 콘텐츠 만들기 종류

### ▽ 내가 좋아하는 소재를 찾자

릴스를 업로드할 때 어떤 콘텐츠를 만들어야 할지 고민인 분들이 많습니다. 시작이 막히는 이유는 "인기 있는 콘텐츠"를 따라하려는 이유이기도 합니다. 릴스의 콘텐츠도 마찬가지 입니다. 인기 있는 동영상을 따라하기보다는 내가 알고 있는 정보를 전해주고 내가 좋아하는 영상으로 콘텐츠를 제작해야합니다. 자신이 좋아하는 소재로 릴스 콘텐츠를 만들어야 영상을 지속적으로 제작하고 업로드할 수 있습니다. 조회수나 구독자 수에 집착하지 않고 콘텐츠 제작 자체를 할 수 있습니다. 홍보할 제품이 있다면 제품에 관한 동영상을 매일 올려 업로드하는 것도 하나의 방법입니다.

### ▽ 타깃을 정하기

영상 콘텐츠와 나의 채널의 일관성은 매우 중요합니다. 모두를 위한 영상 릴스보다는 나의 감성과 아이디어를 제시하고 질문을 던져줌으로써 함께 공감하고 참여하는것도 중요합니다. 나의 인스타그램 팔로우가 누구인지를 분석한후 콘텐츠를 제작해야 채널을 효과적으로 운영할 수 있습니다.

### ▽ 영상을 쉽게 편집하기

영상을 만들고 편집할 때 가장 중요한 요소는 "쉬운 편집"입니다. 영상 촬영 편집 기술을 익혀서 완성도를 높이는 것도 중요하지만 완성도에 집착한 나머지 많은 시간과 비용을 투자하다 보면 콘텐츠를 꾸준히 즐거운 마음으로 제작하기 어렵습니다. 인스타그램 릴스는 15~30초 정도로만 제작하면 되기 때문에 편집에 많은 시간을 투자하거나 화면 전환에 집중할 필요는 없습니다. 자신이 전달하고자 하는 콘텐츠의 방향성을 확실히 정하여 꾸준히 업로드해 보시길 바랍니다.

## 나의 릴스의 콘텐츠와 채널 방향 정하기

| | |
|---|---|
| 소개 | 나의 인스타그램 콘텐츠는 무엇인가? |
| 타깃 시청자 | 내콘텐츠를 검색하고 채널을 구독하게 되는 타깃 인스타그램 팔로워는 누구인가? |
| 제작 방식 | 시간과 비용 부담 없이 콘텐츠를 제작할 수 있는 방법은 무엇인가? |

릴스 15초의 마케팅 제작, 스마트폰 하나면 충분하다.
스마트폰 하나로 나의 제품을 마케팅해서 촬영하고 편집한 후 누구나 미디어를 쉽게 만들 수 있습니다.
인스타그램 인플루언서가 방송국보다 더 큰 영향력을 갖고 있는 경우도 있습니다.인스타그램 인플루언서 개인이 중요한 역할을 하게 된 배경은 바로 "스마트 폰"입니다. 다른 편집 앱도 필요 없이 인스타그램 앱만으로도 누구나 쉽게 영상을 만들고 편집을 할 수 있습니다.

# STEP 5

# 인스타그램에서 릴스 만들기

#  01 릴스 촬영 전 촬영 보조 장비

## ▽ 삼각대

릴스는 보통 혼자서 촬영하는 경우가 많습니다. 그래서 삼각대를 이용하여 카메라를 바닥에 세워야 합니다. 삼각대는 "미니 삼각대"와 "전문 삼각대"로 나눌 수 있는데 휴대성을 고려한다면 "미니 삼각대"를, 다양한 장소에서 촬영하거나 다양한 각도가 필요한 경우 또는 튼튼한 내구성을 원하신다면 "전문 삼각대"를 추천해 드립니다.

[그림 5-1] 여러 종류의 삼각대

### ▽ 홀더

스마트폰을 삼각대에 고정하기 위해서는 홀더가 필요합니다. 셀카봉의 끝에 달린 홀더가 분리된다면 삼각대에 고정해서 사용해도 됩니다.

### ▽ 마이크

인스타그램 릴스에서 설명 영상을 촬영할 때 마이크를 사용해야합니다. 나의 목소리를 전달할 때 릴스 영상에서도 정확하게 들려야 좋은 릴스 영상을 만들 수 있습니다. 마이크는 유선과 무선으로 나뉩니다.

유선 마이크는 스마트폰에 바로 연결해서 사용하는 방식이며 무선 마이크는 수신기를 스마트폰에 끼워서 송신기를 이용해 녹음하는 방식입니다.

처음부터 고가의 장비를 사기보다는 만 원 정도의 저렴하면서도 성능 좋은 마이크를 구매해 사용하시는 것을 추천해 드립니다.

### ▽ 셀카봉

혼자서 촬영하는 경우에 셀카봉을 이용해 촬영할 수 있습니다. 높이 조절이 어려운 미니 삼각대의 단점을 보완하는 데 활용하기도 합니다. 삼각대에 셀카봉을 추가로 연결해 촬영할 수도 있습니다.

# 02 인스타그램 릴스 기본 알기

❶ 인스타그램 나의 프로필에서 오른쪽 상단의 +모양을 클릭합니다.

❷ 여러 가지 카테고리가 나오는데 게시물 릴스 스토리 등에서 <릴스> 카테고리를 클릭합니다.

❸ 릴스 영상을 찍을 수 있는 화면으로 이동합니다.

[그림 5-2] 인스타그램 앱에서 릴스 시작하기

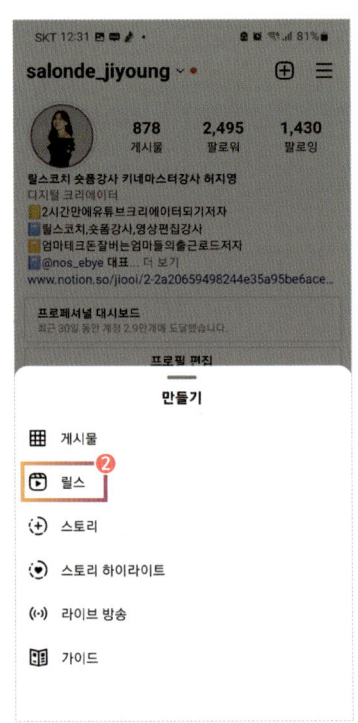

[그림 5-3] 릴스 시작하기

[그림 5-4] 인스타그램 앱에서 릴스 찍기

# 인스타그램 앱에서 릴스 바로 촬영해보기

인스타그램 앱에서 바로 촬영하고 업로드할 수 있는 기능이 있습니다.

❶ 인스타그램 홈에서 상단의 + 버튼을 클릭합니다.

❷ 여러 가지 카테고리가 나옵니다. [릴스] 버튼을 클릭합니다.

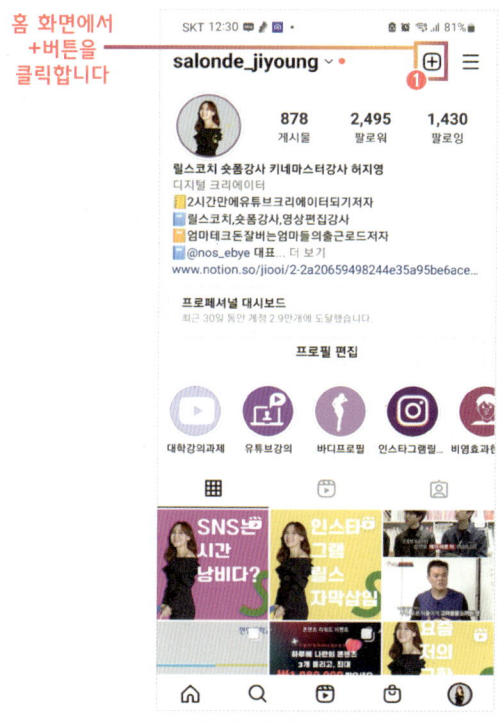

[그림 5-5] 인스타그램 앱에서 촬영

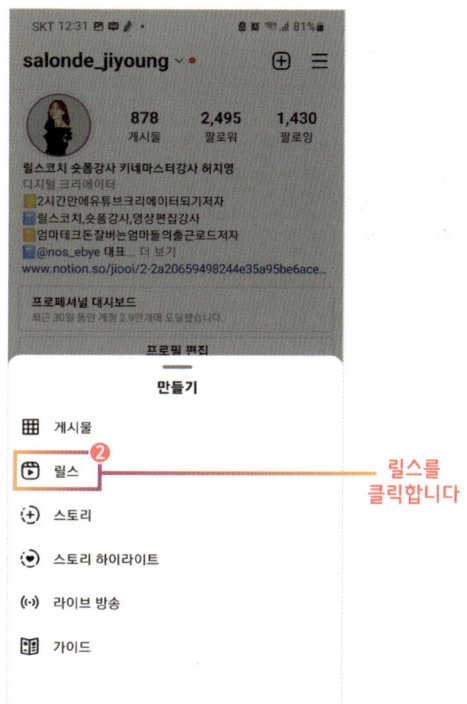

[그림 5-6] 인스타그램 릴스 클릭

**STEP5. 인스타그램에서 릴스 만들기**

❸ 핸드폰 하단 가운데의 릴스 버튼을 클릭하면 영상을 촬영할 수 있습니다. 카메라 방향을 설정하여 촬영 가능합니다.

❹ 촬영 중 표시를 확인합니다.

❺ 촬영 완료가 되면 처음과 똑같은 장면이 나타나며 상단의 촬영 공간을 활용할 수 있습니다.

[그림 5-7] 인스타그램 앱에서 릴스 촬영

[그림 5-8] 릴스 촬영 중 표시

[그림 5-9] 릴스 촬영 완료

# 릴스 기능 살펴보기

릴스 카메라 앱 내에서 왼쪽에 촬영이 도움이 되는 기능이 있습니다. 음악 기능, 영상 길이 기능, 타이머 기능 등이 있는데요. 릴스 앱에서 제공하는 기능만으로 퀄리티 있는 영상을 만들 수 있습니다. 릴스 촬영 기능에 대해 알려드리겠습니다.

### ① 오디오

릴스의 가장 큰 특징 중 하나는 음악을 사용하는 기능입니다. 음악 부분을 클릭하면 여러 가지 음악을 사용하여 영상을 만들 수 있습니다.

### ② 영상 길이

15초, 30초, 60초, 90초로 영상을 선택하여 제작할 수 있습니다.

### ③ 속도

영상 재생 속도를 천천히 하거나 빠르게 할 수 있는 기능입니다.

### ④ 동영상 레이아웃

영상을 이분할 또는 삼분할 하여 촬영할 수 있는 영상입니다. 한 화면에 각기 다른 종류의 영상을 촬영하여 영상을 업로드할 수 있습니다.

### ⑤ 타이머

카메라에서 사용할 수 있는 타이머와 같은 기능입니다. 3초, 10초 선택이 가능합니다.

⑥ 효과

인스타그램에서 제공하는 필터 같은 기능입니다. 얼굴을 뽀샤시하게 하는 기능 외에도 재미있는 기능이 많으니 여러 가지 효과를 사용해 릴스 영상을 만들어보시기 바랍니다.

⑦ 카메라 전방 후방

셀카의 기능처럼 카메라의 앞과 뒤의 방향으로 촬영할 수 있습니다. 버튼을 눌러 내가 원하는 방향을 선택해 보시기 바랍니다.

⑧ 갤러리 영상

나의 갤러리, 사진첩에 영상이나 사진을 가지고 와서 영상을 만들 수 있습니다. 클릭하면 나의 갤러리로 이동 합니다. 원하는 사진이나 영상을 클릭하여 나의 릴스 영상을 만들 수 있습니다.

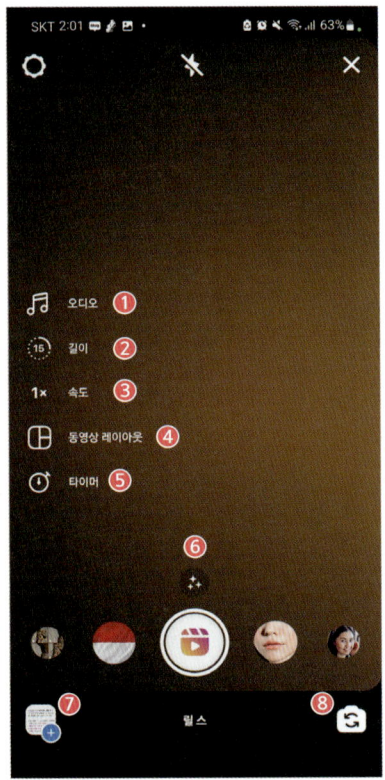

[그림 5-10] 릴스 기본 기능 알아보기

이제 릴스 기능에 대해 자세히 알아보겠습니다.

## 오디오

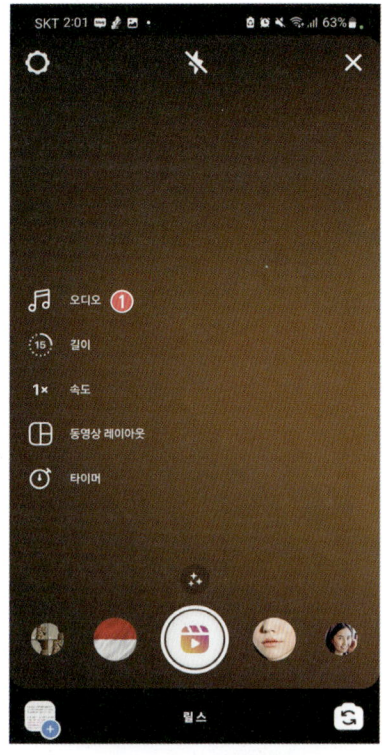

[그림 5-9] 릴스 촬영 완료

릴스의 가장 큰 특징 중에 하나는 음악과 영상을 함께 사용하는 것입니다. 다른 채널에서 음악을 사용할 때 가장 큰 문제는 저작권입니다. 그래서 음악을 사용할 때 제한이 되는 경우가 많지만 인스타그램 릴스에서는 최신 음악부터 원하는 음악을 골라 사용할 수 있습니다. 오디오 버튼을 클릭하면 인스타그램에서 사용할 수 있는 음악을 확인할 수 있습니다.

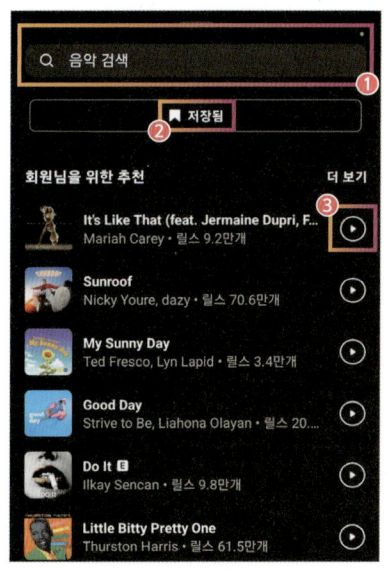

[그림 5-12] 릴스 오디오 기능

오디오 버튼을 클릭하면 회원님을 위한 추천으로 여러 가지 음악리스트가 나타납니다. 음악 버튼을 클릭하면 재생하여 들어보실 수 있습니다.

❶ 원하는 음악을 검색하여 찾아 들어볼 수 있습니다.
❷ 저장해놓은 음악 리스트를 한눈에 보실 수 있습니다.
❸ 재생 버튼을 클릭하면 음악을 들어볼 수 있습니다.

♥ 내가 원하는 음악을 저장하려면 어떻게 해야 할까요?

① 저장하고 싶은 음악을 왼쪽으로 밀어보면 리본 버튼이 나타납니다.
② 리본 버튼을 클릭하면 저장이 됩니다.
③ 저장된 리본 버튼을 확인할 수 있습니다.

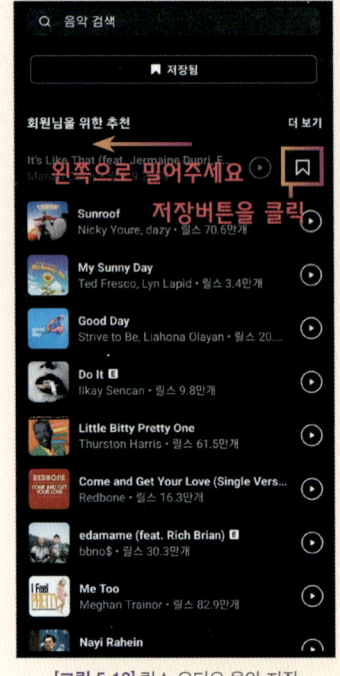

[그림 5-13] 릴스 오디오 음악 저장

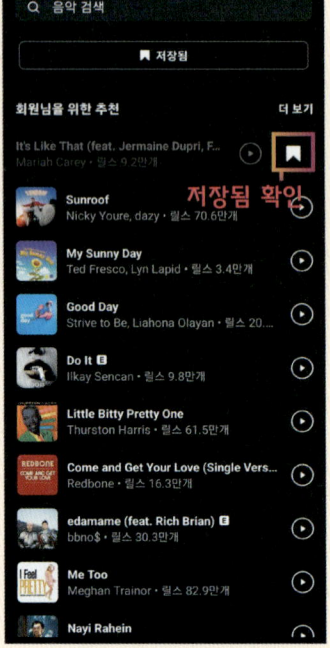

[그림 5-14] 릴스 오디오 저장

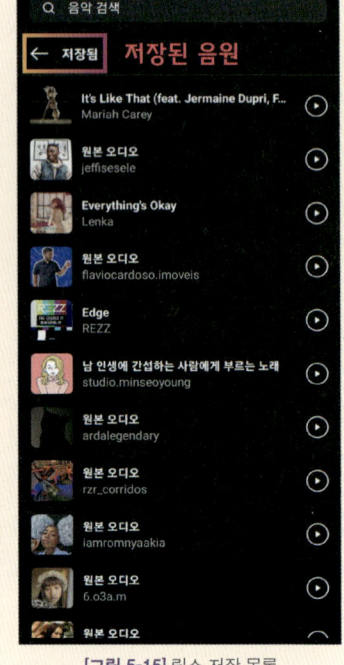

[그림 5-15] 릴스 저장 목록

## 길이

다음으로 알아볼 버튼은 영상 길이 버튼입니다. 영상 길이 버튼을 클릭하면 15초, 30초, 60초, 90초 옵션을 선택할 수 있습니다. 최근에 90초 영상까지 찍을 수 있게 업데이트된 것입니다. 시간을 정해 놓고 릴스 영상을 만들 수 있습니다.

Tip 15초 정도 되는 영상을 만들 예정이지만 최대 길이로 (90초) 정해 놓고 영상을 찍으면 편집하기가 훨씬 더 수월합니다.

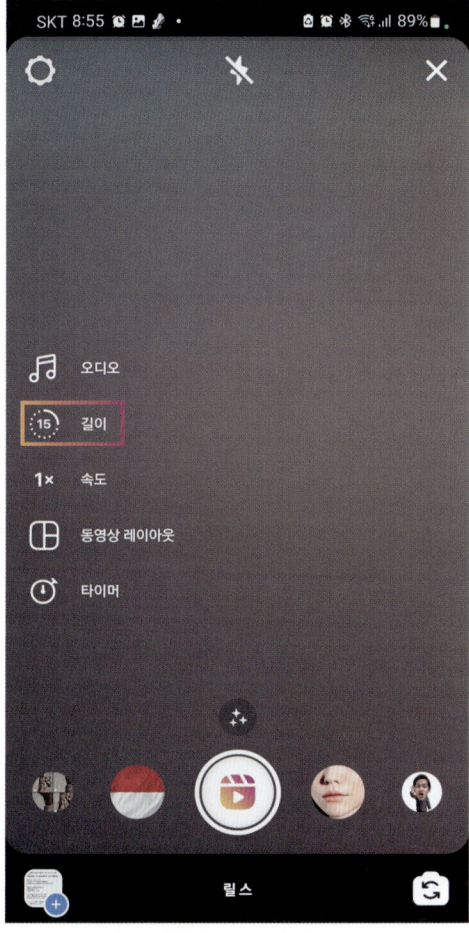

[그림 5-16] 영상 길이

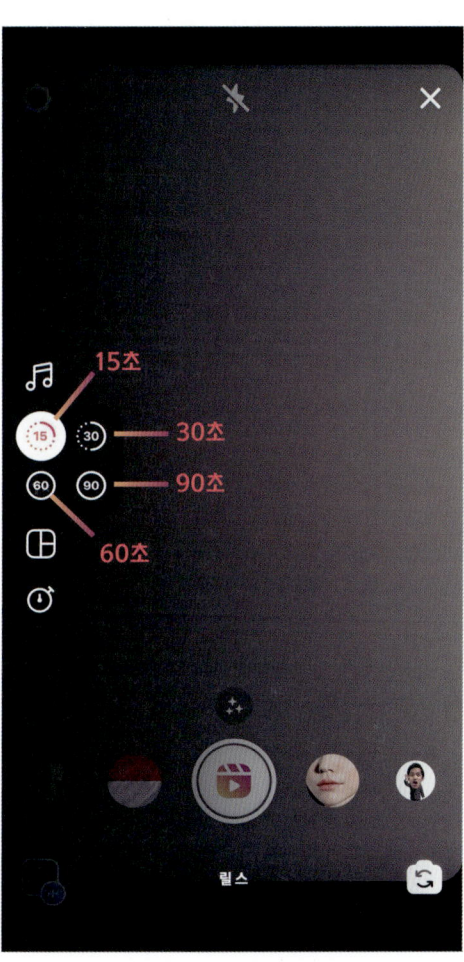

[그림 5-17] 15초, 30초, 60초 영상길이

## ▽ 속도 조절

앱에서 영상을 찍을 때 영상의 배속을 조절할 수 있습니다(단 찍어놓은 영상은 속도 조절을 할 수 없습니다. 인스타그램 앱에서 0.3배속 또는 2배속을 클릭 후 영상 속도 조절이 가능합니다).

❶ 기존의 속도보다 0.3배속 느려집니다.

❷ 기존의 속도보다 0.5배속 느려집니다.

❸ 정상 배속으로 영상이 만들어집니다.

❹ 2배속 빠르게 영상을 만들 수 있습니다.

❺ 3배속 빠르게 영상을 만들 수 있습니다.

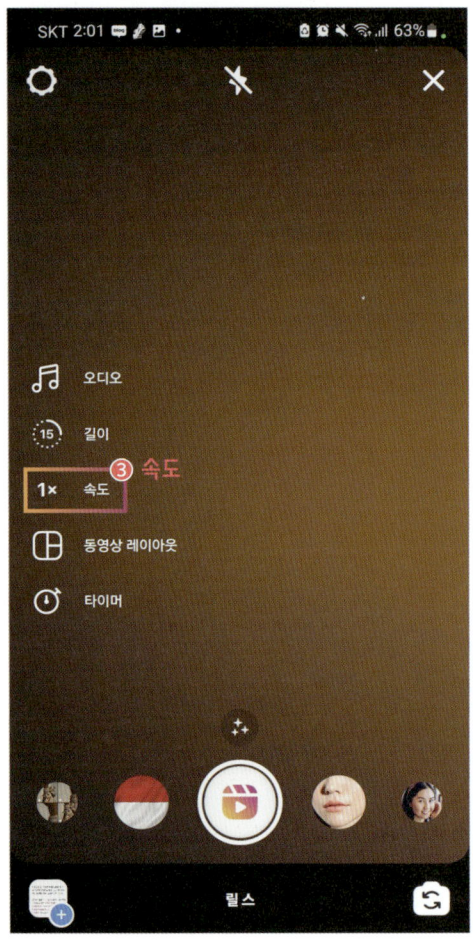

[그림 5-16] 영상 길이

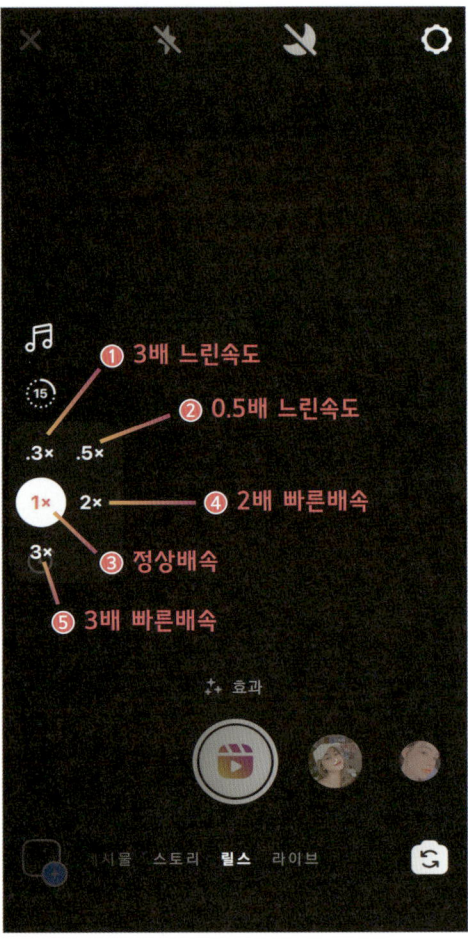

[그림 5-17] 15초, 30초, 60초 영상길이

## ▽ 동영상 레이아웃

2개나 3개의 앵글에 각기 다른 영상을 담아 분할의 영상을 만들수 있습니다. 가로세로 분할 가능합니다.

❶ **세로 2분할 레이아웃**: 두 개의 영상을 따로따로 세로 분할해서 촬영해서 업로드할 수 있습니다.

❷ **가로 2분할 레이아웃**: 위아래로 영상을 따로따로 촬영해 두 개의 영상을 보여 줄 수 있습니다.

❸ **가로 3분할 레이아웃**: 3개의 각기 다른 영상을 촬영하여 한 화면에 3분할의 영상을 업로드할 수 있습니다.

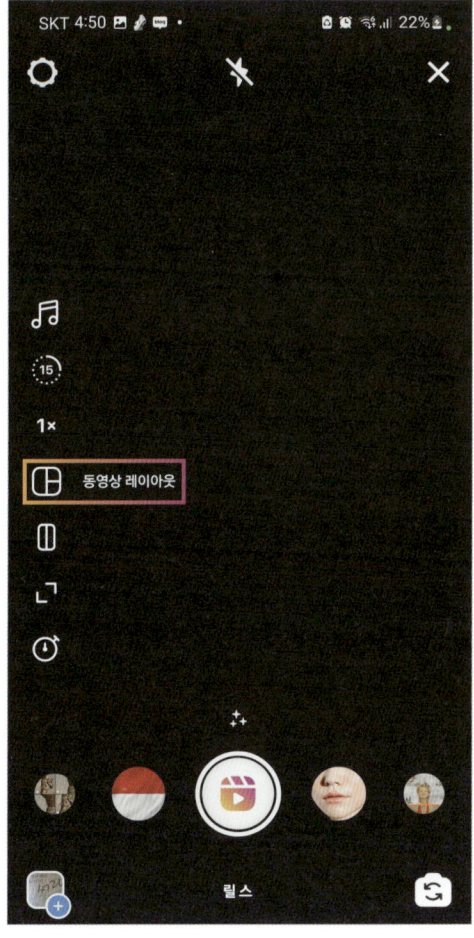

[그림 5-20] 동영상 레이아웃 알아보기

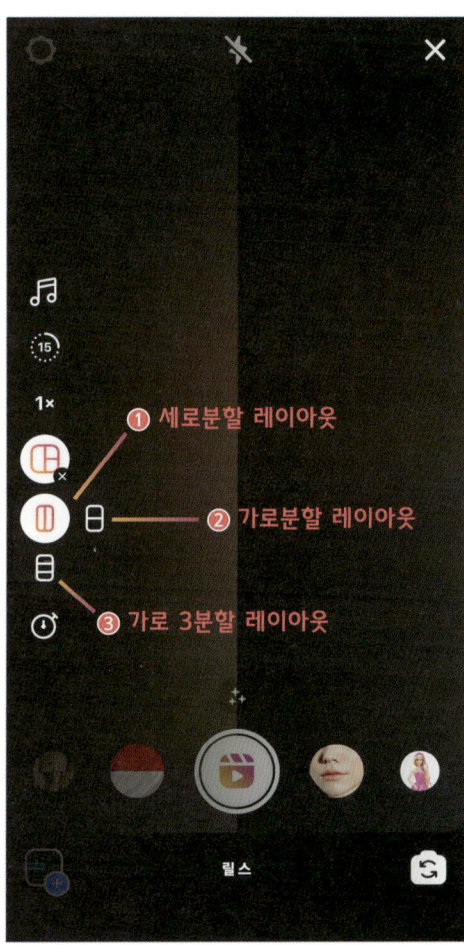

[그림 5-21] 릴스 레이아웃 기본 기능

### 가로 2분할 촬영 예시

(다른 두 개의 영상을 한 화면에 담을 수 있습니다.)

[그림 5-22] 분할 레이아웃  [그림 5-23] 가로 분할 레이아웃 촬영

### 타이머

인스타그램 릴스 영상을 촬영할 때 혼자 촬영하는 시간이 대부분입니다. 그래서 인스타그램 릴스에서 타이머 기능을 가장 많이 사용합니다. 카메라 타이머 기능처럼 버튼을 눌러놓은 후 3초 또는 10초 후에 영상이 촬영됩니다. 3초 또는 10초만 선택할 수 있습니다.

[그림 5-24] 타이머 기능

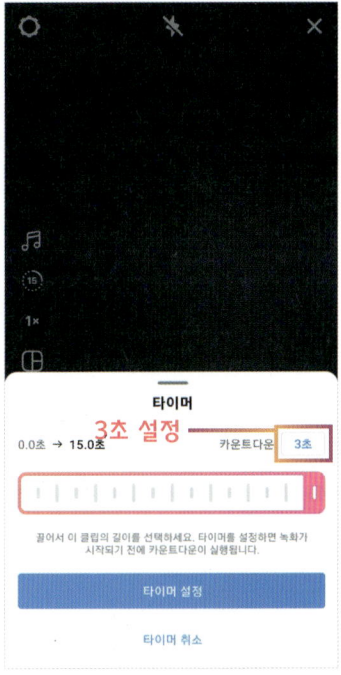

[그림 5-25] 타이머 3초 기능

[그림 5-26] 10초 설정 타이머

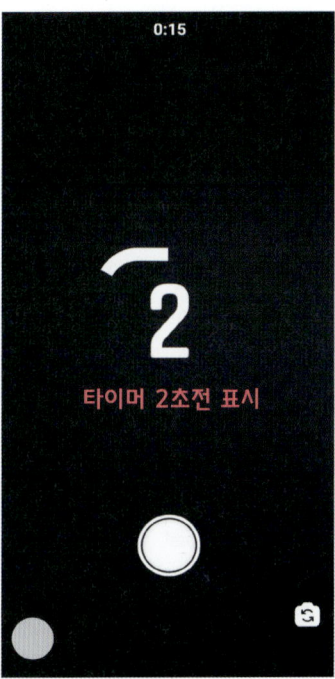

[그림 5-27] 타이머 2초 전 표시

## 효과 및 필터

인스타그램 릴스 영상을 만들 때 효과만 잘 사용해도 트렌드에 맞는 음악이나 감각적인 영상을 만들 수 있습니다. 효과를 클릭하면 인스타그램 릴스에서 제공하는 여러 가지 효과를 나의 영상에 삽입하여 감각적인 영상으로 만들수있습니다.

❶ **검색 기능**: 원하는 효과를 검색할 수 있습니다. (예: 피부 보정 예시, 도넛 먹는 효과, 아이폰 효과 등)

❷ **저장 버튼**: 자주 쓰는 효과나 사용하고 싶은 효과를 저장할 수 있습니다.

❸ **여러 가지 효과 기능**: 사용자들이 많이 쓰는 효과, 얼굴에 뿔이 삽입된 효과, 머리 색상 변화, 선글라스 착용 등 여러 가지 디자인의 감각적인 효과를 사용해 볼 수 있습니다.

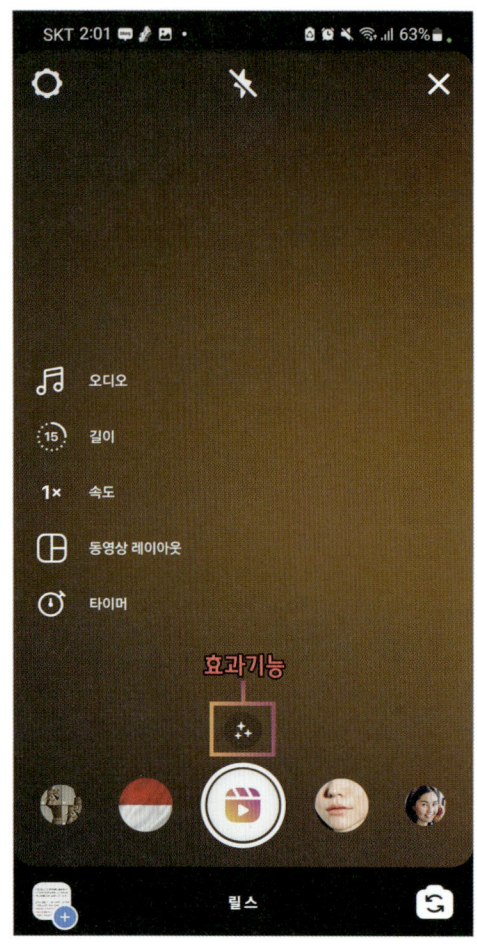

[그림 5-22] 분할 레이아웃

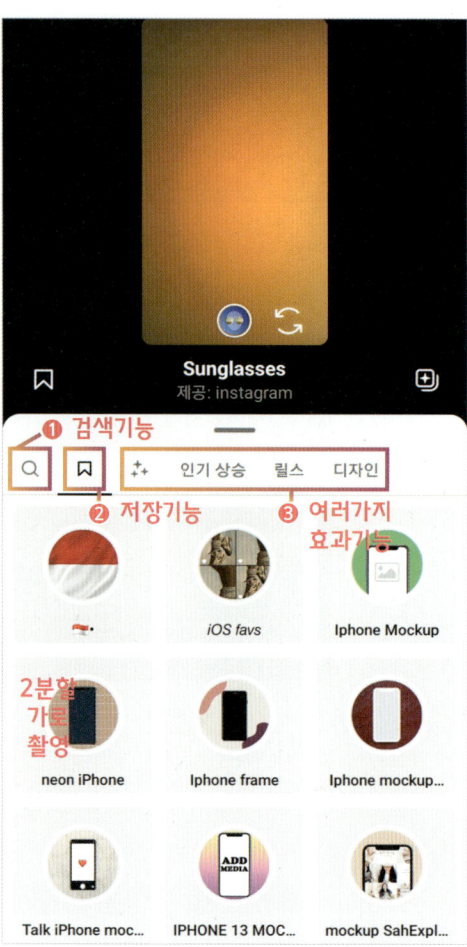

[그림 5-23] 가로 분할 레이아웃 촬영

릴스 탭을 보다가 적용하고 싶은 효과를 발견했다면 효과 버튼을 클릭한 후 핸드폰 하단의 효과 사용을 적용하면 됩니다.

❶ 효과 버튼이 적용된 영상은 인스타 닉네임 상단에 효과의 이름이 나타납니다. 클릭해서 들어가면 효과가 적용된 여러 가지 영상을 확인할 수 있습니다.

❷ 릴스 292만 개는 이효과를 사용해서 만든 릴스 영상 개수를 뜻합니다.

❸ 효과 사용을 클릭하면 효과를 적용하여 영상을 만들 수 있습니다.

[그림 5-30] 인스타그램 효과

[그림 5-31] 인스타그램릴스효과사용

## 릴스 카메라 기능

❶ 갤러리 사진첩에서 사진이나 영상을 가지고 와서 인스타그램 릴스에 업로드할 수 있습니다.

❷ 핸드폰에 있는 카메라 기능하고 똑같이 전방이나 후방을 선택하여 촬영할 수 있습니다.

❸ 버튼을 누르면 카메라 기능이 나타납니다. 영상을 바로 촬영하여 릴스로 업로드할 수 있습니다.

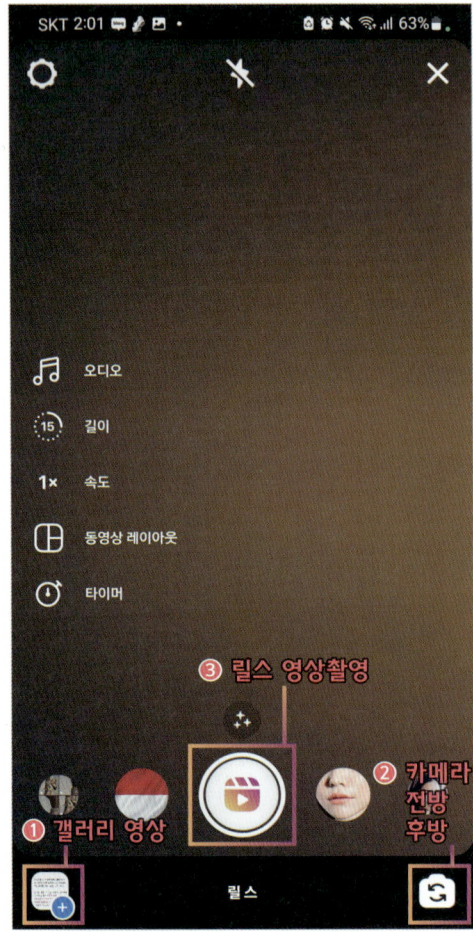

[그림 5-32] 릴스 카메라 기능 알아보기

### ♥ 노래를 검색했는데 한국가요가 나오지 않아요!

인스타그램에서 음악을 검색하다 보면 내가 찾는 한국가요가 보이지 않을 때가 있어요.
다른 분들은 내가 찾는 가요를 적용하여 영상까지 찍어서 올렸는데 왜 인스타그램에는 가요가 안보이는 걸까요? 내 계정이 비즈니스 계정인지 아닌지 확인해주시면 됩니다.
간혹 계정이 비즈니스 계정이신 분들이 있습니다.

① 음악 검색에서 아이유를 검색했는데 노래가 보이지 않습니다.

② 인스타그램 홈에서 세 개의 선을 클릭하면 설정이 보입니다. 설정을 클릭합니다.

[그림 5-33] 릴스 음악검색에서 가요가 검색되지 않는다면

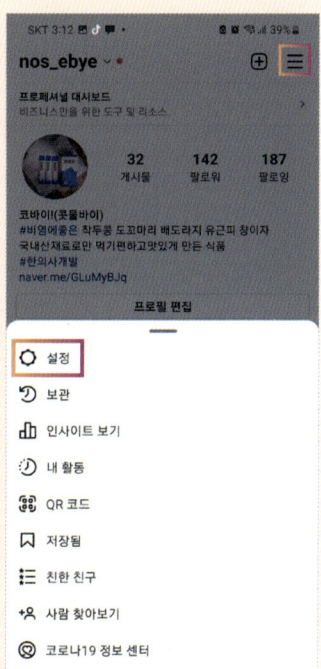

[그림 5-34] 크리에이터계정바꾸기

③ 설정에서 계정을 클릭하면 계정 유형 전환이 보입니다.

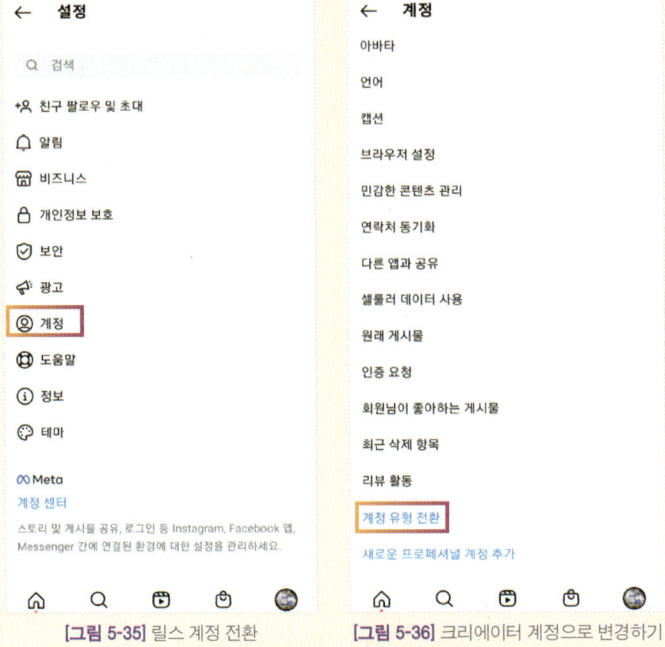

[그림 5-35] 릴스 계정 전환    [그림 5-36] 크리에이터 계정으로 변경하기

비즈니스 계정으로 되어 있다면 크리에이터와 개인용 계정이 보이실꺼에요! 크리에이터 계정을 클릭합니다.

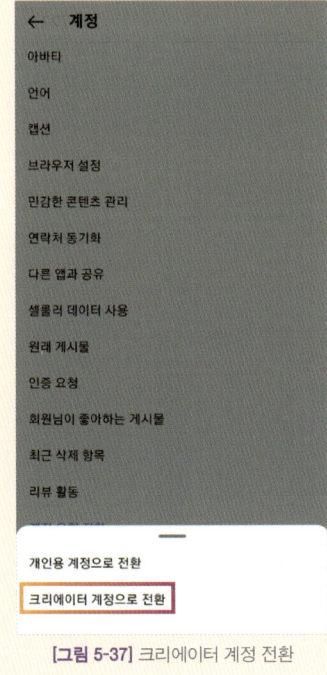

[그림 5-37] 크리에이터 계정 전환

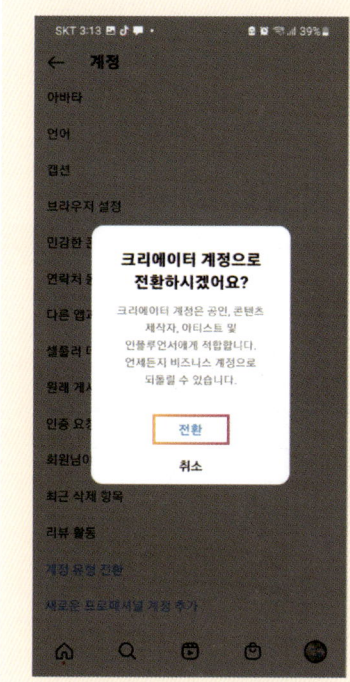
[그림 5-38] 크리에이터 계정 전환 1

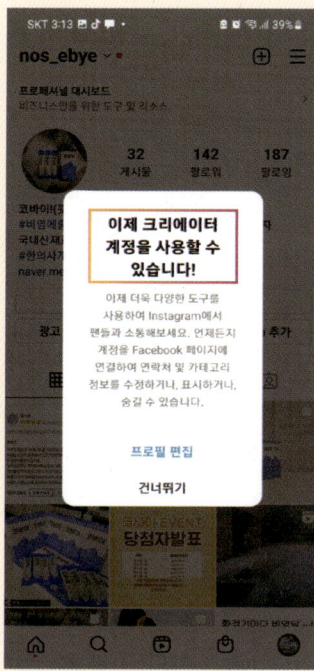
[그림 5-39] 크리에이터 계정 전환 2

[그림 5-40] 계정 전환 완료

# 05 인스타그램 릴스 만들기

## 🔖 템플릿 사용해서 영상 만들기

인스타그램 릴스에서 템플릿 기능이 출시 되었습니다. 릴스의 가장 큰 특징 중 하나가 릴스 배경 음악 비트에 맞춰서 영상을 업로드하는 것입니다. 인스타그램 릴스에서 템플릿 기능이 출시되기 전에는 음악과 영상을 일치시키는 데 많은 시간과 노력이 들었습니다. 이번에 출시된 릴스 템플릿은 사진, 영상 교체만으로 음악 비트에 맞는 영상을 쉽게 만들 수 있습니다.

릴스 탭에서 영상을 보다보면 아이디 위에 템플릿 사용이라는 메시지가 피드에 보입니다. 템플릿을 클릭하면 해당 릴스에서 사용한 효과를 전환하는 시간을 알 수 있습니다.

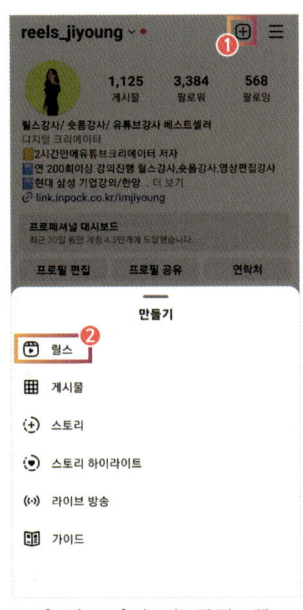

[그림 5-41] 인스타그램 릴스 탭

[그림 5-42] 템플릿 사용

❶ 상단에 +버튼을 클릭합니다.

❷ [릴스] 를 눌러줍니다.

❸ 핸드폰 하단에 [템플릿]을 클릭합니다.

❹ [템플릿 사용]을 눌러줍니다.

❺ [미디어추가]를 눌러주면 나의 갤러리사진첩으로 이동합니다.

[그림 5-43] 템플릿 사용 미디어 추가

[그림 5-44] 갤러리 추가

❻ 나의 갤러리(사진첩)에서 추가할 영상이나 사진을 클릭 합니다..

❼ 완성된 영상을 확인후 핸드폰 하단에 [다음]버튼을 클릭합니다.

[그림 5-45] 사진 선택 완료

[그림 5-46] 릴스 업로드

# 06 인스타그램 릴스 앱 영상 편집

## 🔻 인스타그램 릴스 앱에서 영상을 촬영하는 방법

❶ 인스타그램 나의 홈에서 [+] 버튼을 클릭합니다.

❷ 여러 가지 카테고리를 확인할 수 있는데 여기서 릴스 버튼을 클릭합니다.

❸ 촬영이 준비가 되었을 때 핸드폰 하단 가운데 촬영 버튼을 클릭하면 영상 촬영이 시작됩니다.

[그림 5-47] 인스타그램 릴스 촬영

[그림 5-48] 릴스 영상 촬영 중

❹ 영상 촬영 중 표시입니다.

❺ 첫 번째 영상 촬영이 끝나면 두 번째 영상 촬영을 준비합니다.

❻ 상단에서 영상 촬영 길이를 확인할 수 있습니다.

❼ 두 번째 영상 촬영 중입니다.

❽ 두 번째 영상 촬영이 완료가 되었습니다. 핸드폰 하단의 [미리보기] 영상을 클릭하면 촬영한 영상을 확인할 수 있습니다.

[그림 5-49] 릴스 컷 촬영

[그림 5-50] 두 번째 영상 촬영

[그림 5-51] 릴스 두 번째 촬영 중

[그림 5-52] 영상 촬영 완료 후 미리보기 클릭

STEP5. 인스타그램에서 릴스 만들기

## 릴스 컷 편집

❶ 영상 촬영이 끝났다면 오른쪽 하단의 [미리보기]를 클릭합니다. 핸드폰 왼쪽 하단에 영상 컷 편집을 할 수 있는 [클립 수정] 버튼이 보입니다. [클립 수정] 버튼을 클릭합니다.

❷ 첫 번째 촬영한 영상을 확인할 수 있습니다. 첫 번째 영상 편집을 클릭하면 컷 편집을 할 수 있는 장면으로 넘어갑니다.

❸ 두 번째 촬영한 영상을 확인할 수 있습니다. (여러 영상을 촬영하였다면 여러 개의 촬영 영상을 볼 수 있습니다. 컷 편집을 할 영상을 클릭합니다.

❹ 앞부분과 끝부분을 손가락으로 움직여주면 원하는 부분만 영상을 보여줄 수 있습니다. 단, 중간의 컷 편집은 불가능합니다.

❺ 영상 컷 편집을 완성한 후 하단에 [클립 수정]을 클릭하면 다른 영상을 컷 편집할 수 있는 화면으로 되돌아갑니다.

[그림 5-53] 클립 수정 컷 편집

[그림 5-54] 영상 컷 편집 기능

[그림 5-55] 원하는 부분 컷 편집    [그림 5-56] 컷 편집 완료

[그림 5-57] 두 번째 영상 편집    [그림 5-58] 영상 컷 편집    [그림 5-59] 영상 컷 편집 완료

**STEP5.** 인스타그램에서 릴스 만들기

## 🔻 영상 순서 바꾸는 방법

인스타그램 릴스 앱에서 여러 가지 영상 촬영을 하다 보면 순서를 변경하고 싶은 경우가 있습니다. 예전에는 순서 변경이 안 되었었는데 최근에 순서 변경이 가능한 기능이 생겼습니다. 순서 변경 기능에 대해 알아보겠습니다.

모든 클립을 클릭한 후 핸드폰 하단의 [순서 변경]을 확인합니다.

❶ 핸드폰 하단의 [순서 변경]을 클릭합니다.

❷ 손가락으로 끌어당겨 순서를 변경합니다.

❸ 순서 변경 후 핸드폰 하단에 [완료] 버튼을 클릭합니다.

[그림 5-60] 순서 변경 1

[그림 5-61] 순서 변경 2

[그림 5-62] 순서 변경 완료

# 07 릴스 영상 촬영 후 기본 기능 알아보기

이제 컷 편집과 템플릿으로 영상을 다 만들었다면 자막이나 음악 추가 변경이 가능합니다. 인스타그램에서 제공하는 편집 기능을 더 알아봅니다.

[미리보기]를 클릭하면 만들어진 영상을 확인할 수 있습니다.

편집 기능에서는 영상 저장이나 자막 추가, 필터 효과, 스티커 등의 효과를 삽입할 수 있습니다.

### 1) 화살표 버튼

화살표 버튼을 누르면 이전 화면 즉 영상을 컷편집 또는 영상 추가를 할 수 있는 편집 화면으로 돌아갑니다.

### 2) 동영상 저장 버튼

영상 저장 버튼입니다. 릴스를 만들다보면 영상이 없어지기도 하고 자막의 오류가 나기도 합니다. 그래서 릴스 영상 업로드 전에 저장 기능을 사용하셔서 사진첩이나 갤러리에서 완성된 나의 영상을 확인할 수 있습니다. 사진첩에서 영상을 확인 후 자막 삽입이나 효과 등이 적용되었다면 업로드하면 됩니다.
(단, 영상을 저장할 때는 음악이 나오지 않습니다.)

### 3) 음악 버튼

[음악] 기능입니다. 나의 영상 오디오와 릴스 음악의 볼륨을 조절할 수 있습니다.

### 4) 음성 녹음

[보이스오버] 기능으로 동영상에 나의 목소리를 녹음하여 올릴 수 있습니다.

### 5) 이모지 기능

GIF 스티커를 삽입할 수 있는 기능입니다. 설문이나 퀴즈 또는 함께 춤을 추는 스티커 삽입 등 영상과 어울리는 여러 가지 스티커를 삽입할 수 있습니다.

### 6) 손글씨 기능

인스타그램 릴스 영상에 손글씨를 사용할 수 있습니다.

### 7) 자막 기능

릴스 영상에 자막을 삽입하는 기능입니다. 자막을 이용해 여러 가지 정보를 영상 안에 넣을 수 있으니 자막 기능을 잘 사용하면 유용한 영상을 만들 수 있습니다.

### 8) 필터 효과 기능

[필터] 기능입니다. 만든 영상에 필터를 삽입하여 감각적인 영상 효과를 만들 수 있습니다.

[그림 5-63] 릴스에서 제공하는 편집 기본 기능 알아보기

## 릴스 기본 기능 알아보기

### [되돌아 가기] 버튼

미리보기 기능으로 되돌아 가서 영상 컷 편집이나 영상 추가가 가능합니다.

[그림 5-64] 되돌리기 버튼

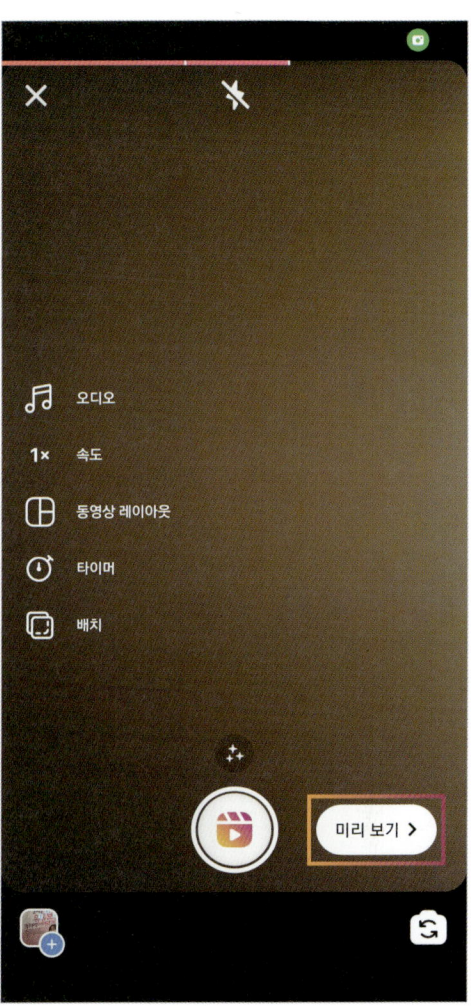

[그림 5-65] 영상 편집 기능

## ▽ 동영상 저장 버튼

동영상 저장 버튼입니다. 영상 완료 후 클릭하면 사진첩에서 저장된 동영상을 확인할 수 있습니다. 동영상 저장이 완료되면 "동영상 저장됨"이란 표시가 나타납니다.

[그림 5-66] 갤러리에 동영상 저장

## 🔽 음악 버튼

① [음악] 버튼을 클릭하면 영상 안에 있는 오디오와 릴스에서 사용된 음악의 볼륨 크기를 조절할 수 있습니다.

② 카메라 오디오를 100% 지정하면 카메라 영상에서 사용된 음성이나 음악이 나타납니다. (카메라 오디오 크기를 조절할 수 있습니다.)

③ 릴스의 음악을 추가 또는 수정하는 것이 가능합니다.

[그림 5-67] 음악 추가 수정   [그림 5-68] 카메라 오디오 볼륨   [그림 5-69] 릴스 음악 효과

## 🔊 음성 녹음

릴스 영상에서도 나의 음성을 녹음한 영상을 활용할 수 있습니다. 또한 촬영 후에 목소리를 더빙할 수 있는 기능으로서 인스타그램 기능에서 간편하게 내 목소리를 영상에 삽입할 수 있는 기능입니다.

① 녹음 기능을 선택합니다.

② 하단의 빨간색 버튼을 클릭하고 음성을 녹음합니다.

③ 녹음 완료 후 하단에 완료 버튼을 클릭합니다.

[그림 5-70] 녹음 기능

[그림 5-71] 내 목소리 녹음

[그림 5-72] 녹음 기능 완료

## 🔻 이모지 기능

인스타그램 릴스 영상을 만들고 난 후 영상의 분위기에 따라 이모지나 에니메이션 질문 등을 함께 화면에 넣어주면 더욱 효과적으로 메시지를 전달할 수 있습니다. 직접 이미지를 그리거나 어울리는 영상 소스를 찾는 것은 저작권 문제가 있어 쉽지가 않습니다. 하지만 인스타그램 릴스 앱에서 제공하는 [이모지 기능]을 활용하면 손쉽게 영상의 주제, 분위기, 목적에 맞는 에니메이션 효과를 사용할 수 있습니다.

① 이모지 효과 버튼을 클릭합니다.

② 여러 가지 활동적인 이모지 옵션이 나타납니다. 나의 영상과 잘 맞는 이모지를 선택합니다.

③ 이모지 선택 후 원하는 위치에 넣어줍니다.

[그림 5-70] 녹음 기능

[그림 5-71] 내 목소리 녹음

[그림 5-72] 녹음 기능 완료

## 손글씨 기능

인스타그램 릴스 영상에 손글씨를 써서 콘텐츠를 보다 감각적으로 만들 수도 있고 전달하고자 하는 메시지를 임팩트 있게 전달할 수도 있습니다.

① 손글씨 기능을 선택하면 핸드폰 상단에는 여러 가지 펜 모양이 나타납니다.

② 하나하나 클릭해서 펜 모양이나 굵기 크기를 확인 후에 나의 영상과 적합한 펜모양을 선택해주면 됩니다. 글씨를 쓰거나 그림을 화면에 직접 그려줄 수 있습니다

③ 색상은 하단에 나와 있는 색을 선택할 수 있습니다.

[그림 5-76] 손글씨 기능                    [그림 5-77] 손글씨 삽입

## ▽ 자막 기능

인스타그램 릴스 영상에서 자막 기능은 굉장히 중요합니다. 영상과 함께 자막이 사라지면서 동시에 재미를 주는 요소로 활용할 수 있습니다. 인스타그램 릴스를 볼 때 음악 볼륨을 낮춰서 영상을 시청하는 경우가 많습니다. 자막을 이용해서 내가 알리고자 하는 정보를 담아 보시길 바랍니다. 정보를 주는 콘텐츠인 만큼 영상 하나에 자막으로 정보를 담아 영상을 만들 수도 있습니다. 상단에 [Aa] 버튼을 사용하면 자막을 삽입하여 영상에 나타낼 수 있습니다.

[그림 5-78] 자막기능 알아보기

① 자막의 위치를 정할 수 있습니다. 왼쪽, 가운데, 오른쪽 중 원하는 위치에 자막을 삽입합니다.

② 색상을 변경할 수 있습니다. 자막의 색상이나 배경 색상을 골라 선택합니다.

③ 자막의 배경을 선택할 수 있습니다. 자막의 배경을 삽입할 수 있습니다.

④ 애니메이션 기능입니다. 자막이 나타나거나 깜빡이는 효과를 볼 수 있습니다.

⑤ 자막 폰트를 선택할 수 있습니다. 다양한 폰트를 선택하여 나의 영상과 잘 어울리는 폰트를 선택합니다.

⑥ 폰트가 변경된 자막을 확인할 수 있습니다.

[그림 5-79] 자막 폰트 변경

[그림 5-80] 자막 폰트 변경

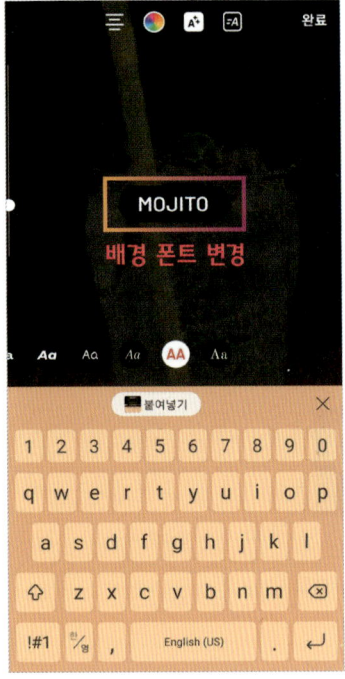

[그림 5-81] 자막 배경

[그림 5-82] 자막 배경 삽입

[그림 5-83] 자막 애니메이션 기능

⑦ 자막이 완성되었다면 상단의 완료 버튼을 클릭합니다. 핸드폰 하단을 보면 구간을 설정할 수 있습니다. 앞과 뒷부분을 손가락으로 움직여서 원하는 구간에 배치합니다.

⑧ 두 번째 자막을 삽입하면 두 개의 자막을 확인할 수 있습니다. 두 번째 자막을 삽입후에 앞과 뒤의 구간을 조절할 수 있습니다.

[그림 5-84] 자막 구간 삽입

[그림 5-85] 두 번째 자막 삽입

❤ 여기서 잠깐

자막 구간에 정확히 나누어 자막을 여러 개 삽입했는데 미리보기 영상에서 모든 자막이 한꺼번에 뜨는걸 볼 수 있습니다. 자막을 잘못 삽입한 것일까요?

아닙니다. 아래의 사진을 보면 원하는 구간에 넣은 자막은 하얀색 글씨로 뚜렷하게 표현이 되고 그 구간에 넣은 자막이 아닌 것은 2번처럼 투명하게 보입니다. 그래서 사진처럼 자막이 두 개로 보이더라도 영상에서는 내가 삽입한 자막만 보이니 걱정하지 않으셔도 됩니다.

[그림 5-86] 자막 구간에서 두 개의 자막이 보일 때

## ▽ 필터 효과 기능

릴스 영상을 만든 때 필터 효과를 사용하면 재미있는 영상이나 귀여운 영상을 표현할 수 있습니다. 필터 효과를 클릭하면 인기 상승 필터나 검색 기능으로 원하는 효과를 삽입할 수 있습니다.

[그림 5-84] 자막 구간 삽입

[그림 5-85] 두 번째 자막 삽입

[그림 5-89] 다양한 효과

[그림 5-90] 효과

[그림 5-91] 릴스 토끼+글리터 효과

[그림 5-92] 릴스 PRISEM 효과

## 릴스영상 업로드

[그림 5-93] 인스타그램 릴스 영상 완료

[그림 5-94] 커버 수정

① 나의 릴스 영상을 수정했다면 핸드폰 하단의 [다음] 버튼을 클릭합니다.

② 상단에 보시면 [커버 수정]이라는 표시를 확인할 수 있습니다. 커버는 유튜브 섬네일처럼 영상 앞에 나오는 메인 사진입니다. [커버 수정]을 클릭하면 커버 변경 화면이 나타납니다.

[그림 5-95] 인스타그램 커버 수정

[그림 5-96] 프로필 이미지 자르기

③ 커버 사진을 등록하는 방법은 두 가지입니다. 하나는 영상에서 원하는 곳을 정하여 커버 사진으로 등록하는 방법이 있습니다. 영상의 화면 중에서 커버 사진을 선택할 수 있습니다.

④ 두 번째는 미리 만들어 놓은 프로필 이미지(섬네일)을 갤러리에서 추가하여 사용할 수 있습니다.

⑤ 프로필 이미지 자르기는 보여지는 섬네일의 방향을 설정할 수 있습니다. 프로필 이미지 자르기를 클릭하여 인스타그램 홈 화면에서 어떻게 보여지는지 확인할 수 있습니다. 보일 수 있는 이미지를 손가락으로 조절하여 클릭할 수 있습니다.

[그림 5-97] 프로필 이미지    [그림 5-98] 사람 태그하기    [그림 5-99] 공동 작업자 초대

⑥ 손가락으로 위아래를 맞춰서 원하는 프로필의 이미지를 업로드할 수 있습니다. 상단의 v 표시를 클릭합니다.

⑦ 사람 태그하기 기능입니다. 나와 함께 작업한 사람을 태그할 수도 있고 공동작업자 처럼 초대할 수도 있습니다.

⑧ 영상에 함께 나온 사람을 태그 추가할 수 있습니다. 공동 작업자 초대는 나의 피드와 공동 작업자의 피드에도 좋아요가 함께 누적되고 댓글이 같이 공유되는 기능입니다.

⑨ 공동 작업자 초대는 공동 작업자가 피드에서 회원님의 게시물을 자신의 프로필 그리드 및 팔로워에게 공유할 수 있습니다.

⑩ 해시태그와 안에 캡션 문구까지 삽입했다면 하단의 [공유하기] 버튼을 클릭하면 릴스 영상이 업로드가 됩니다.

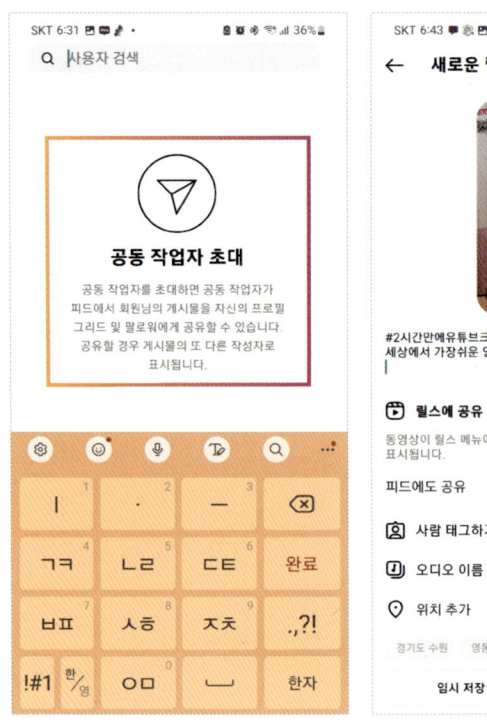

[그림 5-100] 공동 작업자 초대  [그림 5-101] 릴스 공유하기

### ≫ 임시저장기능

인스타그램 릴스 앱에서는 임시 저장 기능이 있습니다. 영상을 촬영 후 [임시 저장] 기능을 활용하여 추후에 영상 편집을 하면서 조금 더 퀄리티 있는 영상을 만들어서 업로드할 수 있습니다.

인스타그램 앱에서 영상을 촬영한 후 업로드 전 하단에 [임시 저장] 버튼과 [공유하기] 버튼을 볼 수 있습니다. [임시저장] 버튼은 영상을 임시저장 후 나중에 공유하는 기능입니다. [공유하기] 기능은 바로 업로드 하는 기능입니다. [임시저장] 버튼을 클릭하면 자동으로 인스타그램 릴스에 저장이 됩니다.

[그림 5-102] 임시 저장 기능

···▶ 임시 저장 후 나의 영상을 찾는 방법

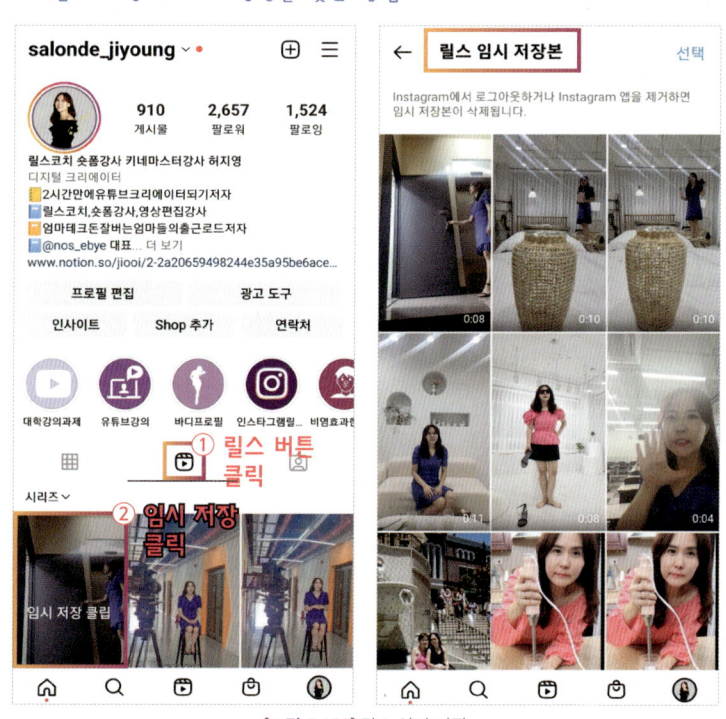

① 인스타그램 홈에 들어가서 인스타그램 릴스 버튼을 클릭합니다.

② 인스타그램 릴스 버튼을 클릭하면 왼쪽에 [임시 저장 클립]이 있습니다.

③ 임시 저장 버튼에서 내가 저장한 영상들을 확인할 수 있습니다. 영상을 클릭하여 나의 영상을 수정 후 업로드합니다.

[그림 5-103] 릴스 임시 저장

❤ **여기서 잠깐**

[그림 5-104] 공동 작업자 기능

공동 작업자 추가 기능에서 상대편이 수락을 하면 릴스의 이름이 같이 뜨고 릴스에 동시에 올라가게 됩니다. 내 팔로워들에게도 노출이 되고 태그한 분들에게도 노출이 됩니다. 댓글도 함께 보이기 때문에 서로의 팔로우들에게 함께 노출이 되기 때문에 서로의 팔로우를 공유할 수 있습니다.

## 릴스 조회수 확인하기

① 인스타그램 릴스에서는 나의 조회수 또는 다른 팔로우의 릴스 조회수를 확인할 수 있습니다. 인스타그램 나의 홈으로 들어가면 피드 영역과 릴스 영역이 보입니다.

② 릴스 버튼을 클릭하면 나의 릴스 조회수를 확인할 수 있습니다.

[그림 5-105] 릴스 조회수

[그림 5-106] 릴스 조회수 확인

# 08 인스타그램 업로드 후 릴스 수정하는 방법

인스타그램 릴스 업로드 후 릴스를 수정할 수 있는 방법이 없을까 문의주시는 분들이 많습니다. 인스타그램 릴스는 본문 수정이나 커버 수정 등은 가능하지만 릴스 영상 자체를 수정할 수 있는 부분은 없습니다.

릴스 업로드 후 영상 수정에 대해 한번 알아보겠습니다. 인스타그램 릴스 업로드 후 수정할 영상의 오른쪽의 점 세 개 부분을 클릭합니다.

[그림 5-107] 릴스 수정

❶ **공유**: 인스타그램 릴스영상을 공유할 수 있는 링크입니다.

❷ **링크**: 링크를 복사하여 전달할 수 있습니다.

❸ **저장**: 영상을 따로 저장하여서 저장 영상만 확인할 수 있습니다.

❹ **관리**: 본문 내용을 수정하거나 커버(섬네일)을 수정할 수 있습니다.

❺ **리믹스**: 영상과 함께 리믹스할 수 있습니다. (리믹스란, 따라 하고 싶은 영상과 나의 영상으같이 담아 한 화면에 두 개의 영상이 함께 나타낼 수 있습니다.)

❻ **인사이트 조회**: 영상의 조회수나 저장 횟수 등을 확인할 수 있습니다.

❼ **카메라 롤에 저장**: 나의 갤러리 사진첩에 저장할 수 있습니다.

❽ **삭제**: 업로드한 릴스를 삭제할 수 있습니다.

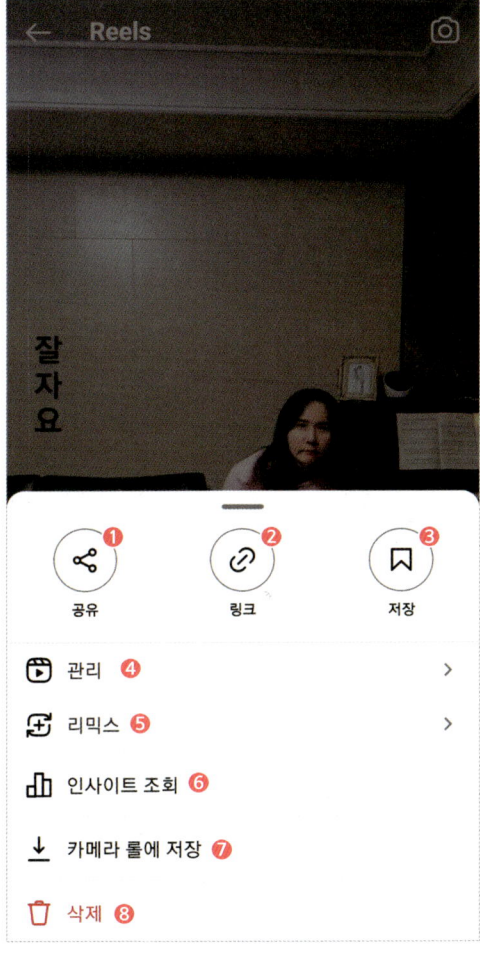

[그림 5-108] 릴스 업로드 후 수정

# 📷 릴스 수정기능 알아보기

[그림 5-109] 릴스 수정

**1** [관리] 카테고리를 클릭합니다.

① 본문 내용 수정이나 커버 사진 변경을 할 수 있습니다.

② 댓글 기능이 없는 피드로 작성할 수 있습니다.

③ [프로필 그리드에서 삭제] 기능을 사용하면 피드에서 릴스 영상을 볼 수 없습니다.

[그림 5-109] 릴스 수정

**2** [릴스 인사이트] 카테고리를 클릭합니다.

릴스 인사이트를 이용하여 나의 영상 조회수를 확인하여 다른 영상 콘텐츠를 확인하여 만들수 있습니다.

① 재생 수를 알 수 있습니다.

② 좋아요 한 숫자를 확인할 수 있습니다.

③ 댓글 수치를 확인할 수 있습니다.

④ 나의 영상을 스토리로 보낸 수치를 확인할 수 있습니다.

⑤ 다른 사람이 나의 피드를 저장 해놓은 수치를 확인할 수 있습니다.

# 09 릴스 리믹스하기

인스타그램 릴스 리믹스는 다른 사람이 올린 릴스 영상을 반으로 분할해서 내영상을 추가로 넣는 "리믹스" 기능입니다. 다른 사람과 내 영상을 비교해서 함께 업로드하면서 즐거운 영상을 만들어 볼 수 있습니다. 원래 릴스영상을 반으로 분할해서 내 영상도 함께 찍는 방법입니다. 또한 유명 영상 화면을 반으로 분할해서 릴스 콘텐츠를 만들면 재미 요소를 더할 수 있을 뿐만 아니라 노출까지 증가시킬 수 있습니다. 노래 리믹스를 통해 화음을 쌓고 함께 노래를 부를 수 있어서 더 즐거운 영상을 만들 수 있습니다.

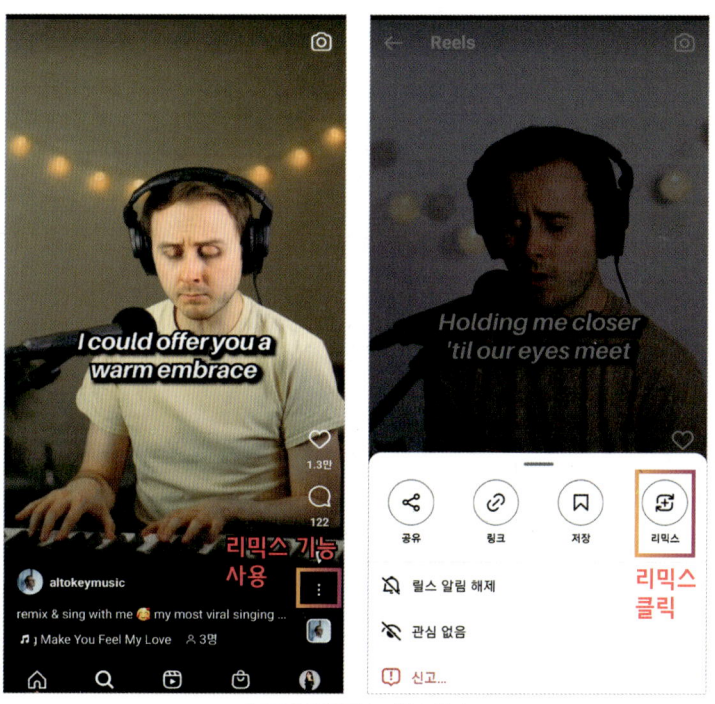

[그림 5-111] 릴스 리믹스하기

[그림 5-112] 릴스 리믹스 녹화   [그림 5-113] 릴스 음악 볼륨 조절

❶ 리믹스하고 싶은 영상의 오른쪽 하단의 점 세 개를 클릭합니다.

❷ [리믹스]를 클릭하면 분할된 두 개의 화면이 보입니다.

❸ 왼쪽에는 리믹스하고 싶은 영상이 오른쪽에는 나의 영상이 함께 보입니다. 핸드폰 가운데 녹화 버튼을 클릭하면 영상 녹화가 시작됩니다.

❹ 녹화가 끝나고 나면 [리믹스]의 음악 볼륨 조절로 나의 목소리와 원본 영상의 리믹스의 영상 볼륨을 조절해야 합니다.

## 🔻 오디오 종류

❶ **카메라 오디오**: 카메라 오디오는 나의 목소리 볼륨입니다. 0~100까지 볼륨 조절을 할 수 있습니다. 카메라 오디오 음량을 높이고 원본오디오의 음량을 줄이면 노래소리는 작아지고 내가 영상에 녹음한 영상 볼륨이 커집니다.

❷ **원본 영상의 오디오**: 원본 영상 오디오 볼륨입니다. 나의 목소리와 함께 볼륨 조절을 합니다. 볼륨이 완성되면 상단의 [완료] 버튼을 클릭합니다.

## 🔻 완성된 영상 확인

[그림 5-114] 나의 목소리 오디오 높이기

[그림 5-115] 릴스 리믹스 완성

### ❤ 하단의 화살표 버튼은 무엇일까요?

릴스를 보다보면 하단에 우상향 화살표 버튼을 볼 수 있습니다. 최근에 인기가 많은 음원에는 화살표 모양이 나타납니다.

트렌디 음악이라고 해서 요즘 가장 최신의 음악입니다. 리믹스된 음악이나 BTS나 아이유 등의 유명가수 음원등 노출되는 음악에 표시되며 릴스 음악은 트렌디한 음악이 사용하기 때문에 사람들이 화살표 버튼을 많이 써서 만들기 때문에 확률을 높일 수 있습니다. 화살표가 있는 음악을 사용하는 것을 추천해 드립니다.

[그림 5-116] 화살표

# STEP6

# 실습하기

## 실습 01 책이 아래에서 위로 올라오는 영상

 ▶ 실습영상
https://youtu.be/TAN-_fYdGMw

인스타그램이나 유튜브 쇼츠 등 짧은 영상을 보면 사람이 누워 있다가 갑자기 일어나거나 책이 밑에서 위로 올라오는 영상을 본 적이 있을 것입니다. "책이 어떻게 밑에서 올라오지?"라고 생각하는 분들이 많으실 텐데요. 책이 아래에서 위로 올라오는 부분에 대해 설명해드릴게요. 캡컷에서 "역방향" 기능을 활용한 것입니다. 캡컷의 역방향 기능으로 책이 아래에서 위로 올라오는 영상을 만들 수 있습니다.

❶ [카메라] 기능에서 [동영상]으로 책이 아래로 떨어지는 영상을 촬영합니다.

❷ 캡컷이란 어플을 다운받습니다. 다운받고 캡컷을 실행합니다.

❸ 핸드폰 상단의 새 프로젝트를 클릭합니다.

❹ 떨어지는 영상의 레이어를 클릭하고 하단의 카테고리에서 역방향을 확인해주세요.

❺ 역방향을 클릭하면 영상이 책이 떨어지는 부분에서 반대로 올라오는 영상으로 변환됩니다.

❻ 영상이 완성되었다면 상단의 저장하기 버튼으로 갤러리에 저장한 다음 인스타그램 릴스에 음악과 함께 맞춰 업로드합니다.

[그림 6-1] 책이 떨어지는 부분 촬영하기

[그림 6-2] 캡컷 다운받기

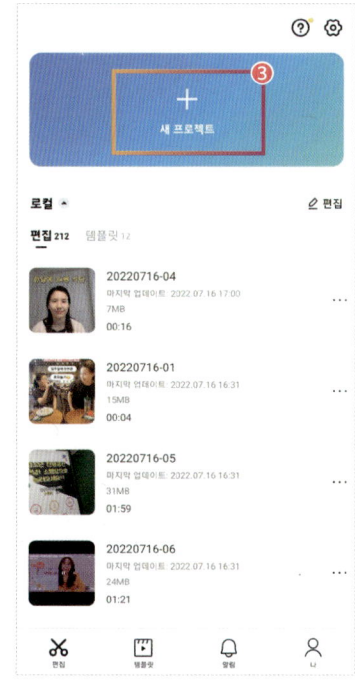
[그림 6-3] 새 프로젝트 클릭

[그림 6-4] 역방향 적용

# 실습 02
## 인스타그램 효과 사용하기

▶ 실습영상
https://youtu.be/t0QgiZPTiBs

인스타그램 릴스 기능에서 "효과" 기능을 활용하면 여러 가지 재미있는 기능을 영상에 담아 볼 수 있습니다. 인스타그램 릴스 "효과" 기능을 활용하여 친구들과 가족들 또는 나의 제품을 마케팅하는 영상을 만들 수 있습니다.

❶ 인스타그램 릴스 버튼을 클릭합니다.

❷ 오른쪽의 여러 가지 별 세 개모양이 "효과" 모양입니다. 별 세 개 모양을 클릭합니다.

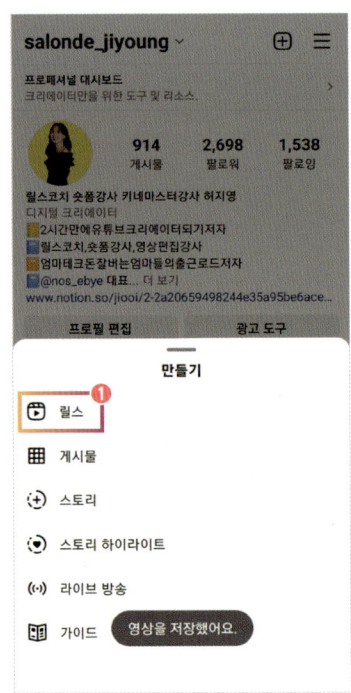 

[그림 6-5] 릴스 효과 기능

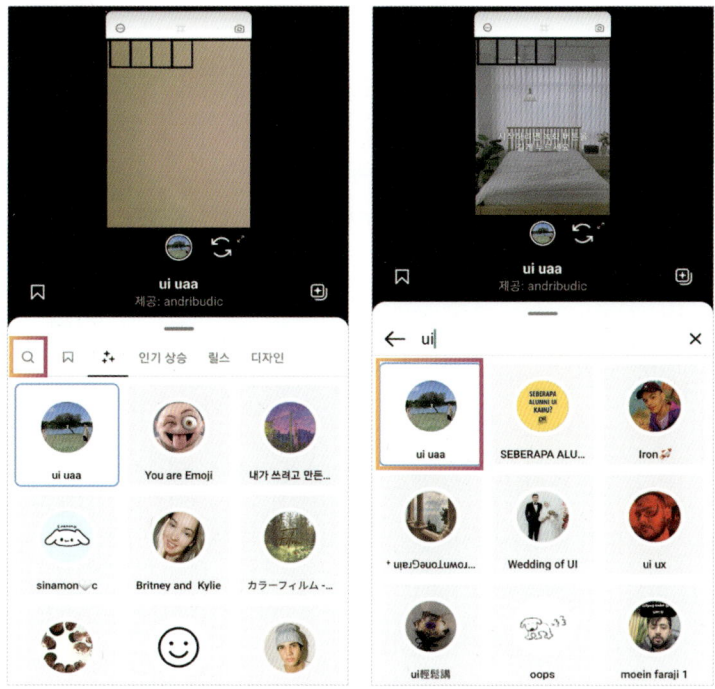

❸ 효과를 클릭하면 하단에 검색 기능, 인기 상승 효과 등의 다양한 효과 기능을 확인 할 수 있습니다. [검색 기능]을 클릭하여 [UI UAA]를 검색합니다.

[그림 6-6] 릴스 검색 기능

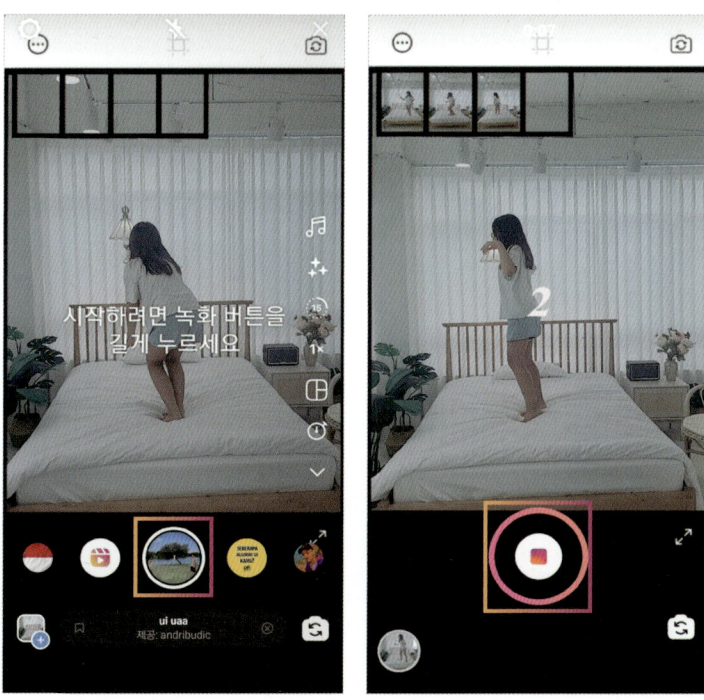

❹ 효과가 적용되고 난 후에는 하단의 카메라 버튼을 클릭하면 음악과 함께 효과가 적용됩니다. 3, 2, 1 효과가 음악에 맞춰 영상이 적용됩니다. 음악에 맞춰 포즈를 취한 뒤 영상을 촬영한 후 미리보기를 통해 효과가 적용된 영상을 확인할 수 있습니다.

[그림 6-7] 릴스 효과 기능

## 실습 03 캡컷 템플릿 사용하기

 실습영상
https://youtu.be/UG6GuXq3g70

동영상 편집 어플 중 캡컷에서 인스타그램 릴스에서 유행하는 효과 등을 쉽게 만들 수 있습니다.

캡컷 템플릿을 사용하면 나의 사진이나 영상을 교체하는 것만으로 유행하는 효과 등을 쉽게 만들 수 있습니다. 캡컷 템플릿을 이용하여 릴스를 만들어 보겠습니다.

[그림 6-8] 캡컷 다운로드

[그림 6-9] 캡컷 템플릿

❶ 캡컷 어플을 실행합니다.

❷ 하단의 여러 가지 카테고리를 확인할 수 있습니다. [템플릿] 버튼을 클릭합니다.

❸ 템플릿의 여러 가지 영상을 확인할 수 있는데요. 저희는 pop up이라는 영상으로 만들어보겠습니다. 상단의 검색창에 pop up이라고 검색하면 여러 가지 영상이 나타납니다. 만들고 싶은 영상을 클릭합니다.

❹ 영상을 확인한 후 핸드폰 하단의 [템플릿 사용]을 클릭합니다.

[그림 6-10] 캡컷 템플릿 검색    [그림 6-11] 캡컷 템플릿 사용

❺ 나의 갤러리에서 동영상이나 사진을 선택 후 하단의 [다음] 버튼을 클릭합니다.

❻ 나의 영상으로 변경된 영상을 확인할 수 있습니다. 영상 완료 후 상단의 [내보내기] 버튼을 클릭합니다. 갤러리에서 나의 영상으로 확인할 수 있습니다.

[그림 6-12] 캡컷 템플릿    [그림 6-13] 캡컷 템플릿

# 실습 04 릴스로 답장하기 (영상 답장 기능)

  실습영상
https://youtube.com/shorts/uqs45_hRRIQ?feature=share

인스타그램 릴스에서 댓글을 남겨주시는 인친분들이 계시는데요. 릴스에서 영상으로 댓글에 대한 답장을 보낼 수 있습니다. 인스타그램 릴스에서만 릴스로 답장하기 기능을 사용할 수 있습니다. 피드의 댓글은 릴스 답장 기능이 적용이 안 되니 참고 부탁드립니다.

❶ 인스타그램 릴스 업로드 후 댓글에 답글 달기 기능이 있습니다. 답글 달기를 클릭하면 왼쪽에 카메라 버튼이 있습니다.

❷ 카메라 기능을 클릭하면 릴스 촬영을 할 수 있는 기능으로 전환됩니다. 그러면 영상 상단에 댓글 기능이 보입니다.

❸ 영상의 댓글에 대한 적절한 영상을 촬영하여 업로드하면 댓글과 함께한 영상이 완성됩니다.

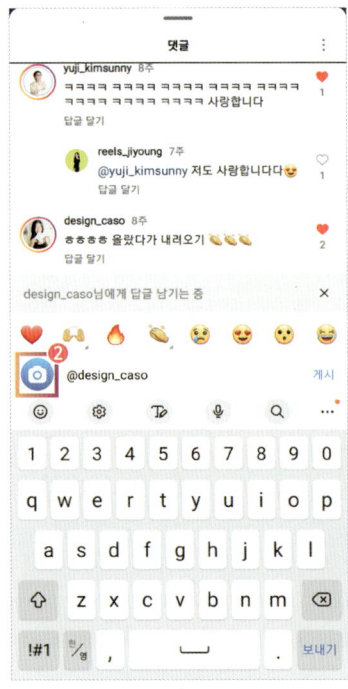

[그림 6-14] 릴스 답장하기　　[그림 6-15] 릴스 답장 영상　　[그림 6-16] 릴스 답장 기능

실습 05

# 저장한 인스타그램 릴스 확인하는 방법

▶ 실습영상
https://youtube.com/shorts/3OUoteUo5H4?feature=share

인스타그램 릴스 영상을 보다가 유용한 정보나 따라하고 싶은 영상을 저장하는 기능이 있습니다. [저장] 기능을 사용하셔서 저장해 두었다가 영상 만드실 때 꺼내서 보실 수 있는데요.

인스타그램 릴스 저장하는 방법부터 알려드릴게요.

❶ 인스타그램 릴스 영상을 보다가 저장하고 싶은 영상을 발견하면 오른쪽의 삼선을 클릭합니다.

❷ 삼선을 클릭하면 [저장] 버튼이 나타납니다. [저장] 버튼을 클릭합니다. 그러면 [저장] 카테고리에 영상이 자동으로 저장됩니다.

[그림 6-17] 인스타그램 릴스 저장하는 방법

[그림 6-18] 릴스 저장

❸ [저장됨]을 확인할 수 있습니다.

[그림 6-19] 릴스 영상 저장됨

…▸ 저장된 영상을 확인하고 싶다면

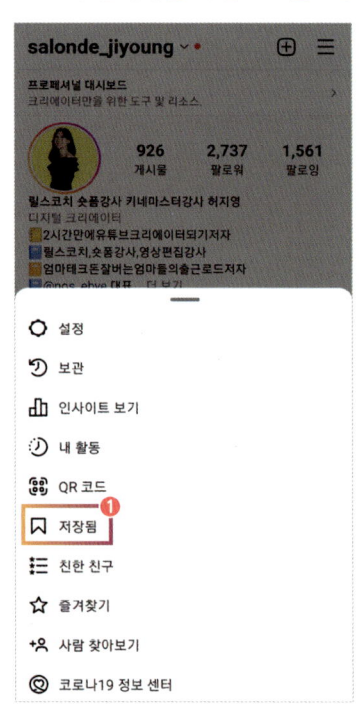

[그림 6-20] 저장됨

[그림 6-21] 저장 릴스

❶ 인스타그램 홈으로 들어가서 상단의 [삼선]을 클릭하고 [저장됨] 버튼을 눌러줍니다.

❷ 여러 가지 카테고리 별로 저장된 음악이나 게시물 위시 리스트 등을 확인할 수 있습니다. 그리고 나의 카테고리별로 주제를 다르게 선정하여 분류할 수 있습니다. 인스타그램의 [저장] 기능으로 여러 가지 정보도 저장해 놓고 활용하면서 내가 기억해야 할 영상들만 카테고리 별로 저장하는 것도 추천해 드립니다.

# 인스타그램 릴스 템플릿 사용하기

실습영상
https://youtu.be/Wj1ZkbzcoH0

릴스 탭을 보면 왼쪽 하단에 [템플릿 사용]이라는 문구가 적혀있는 영상을 볼 수 있습니다. 템플릿은 나의 사진이나 영상 변경만으로 음악과 어울릴 수 있는 영상을 만들 수 있습니다.

❶ 템플릿 사용을 클릭합니다.

1.3s, 1.0s는 초를 뜻합니다. 1.3초라는 뜻입니다. 1초가 넘는 구간에서는 릴스에서는 긴영상이기 때문에 동영상으로 삽입하는 것을 추천드립니다.

핸드폰 하단에 [미디어 추가]를 클릭합니다.

[그림 6-22] 템플릿 사용

[그림 6-23] 템플릿 영상 삽입

STEP6. 실습하기

[그림 6-24] 템플릿 영상 삽입

[그림 6-25] 템플릿 사용 완료

❷ 나의 [갤러리]의 영상을 확인할 수 있습니다. 순서대로 넣고 싶은 영상을 삽입한 후 하단의 [다음] 버튼을 클릭합니다. 삽입한 영상을 확인할 수 있습니다. 영상을 확인 후 하단의 [다음] 버튼을 클릭합니다.

[그림 6-26] 영상 완료

❸ 영상이 화면에 나타납니다. 영상을 확인 후 클립 수정을 하고 싶다면 왼쪽 하단의 [클립 수정]을 누릅니다. 영상이 완료가 되었으면 [다음] 버튼을 선택합니다.

## 인스타그램 릴스 자막 삽입

실습영상
https://youtu.be/gTRfl6oVNtM

템플릿을 사용하여 영상을 만들었다면 영상에 자막을 만들어보겠습니다.

❶ 오른쪽 상단의 Aa 카테고리를 클릭합니다. Aa는 자막을 삽입하는 기능입니다.

❷ 글씨를 삽입합니다. 상단에는 글씨 정렬, 색상 변경, 배경색 지정, 애니메이션 기능이 있으며 하단에서는 폰트를 변경할 수 있습니다.(자막 추후 수정변경 #지우기)

[그림 6-27] 릴스 자막 삽입

STEP6. 실습하기

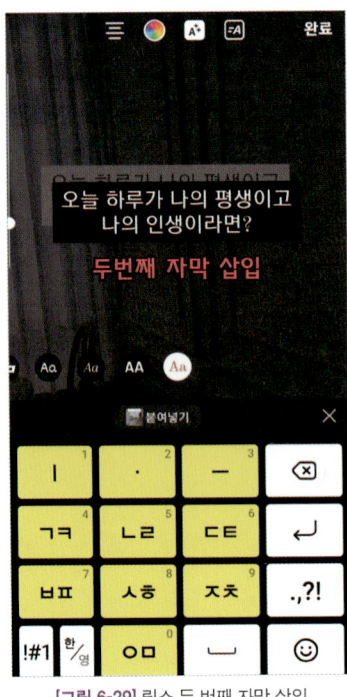

[그림 6-28] 릴스 글자 삽입     [그림 6-29] 릴스 두 번째 자막 삽입

❸ 자막이 완성되면 하단에서 자막 구간을 설정할 수 있습니다. 자막 구간 설정을 통해 다양한 영상 안에 여러 개의 설명하는 자막을 삽입할 수 있습니다. 자막 구간까지 설정이 완성되었다면 두번째 자막을 넣어보도록 하겠습니다.

❹ 두 번째 자막을 삽입하려고 합니다. 첫 번째 자막 삽입 방법과 마찬가지로 상단의 Aa 버튼을 클릭합니다. 두 번째 자막을 삽입합니다.

[그림 6-30] 두 번째 자막 구간 정하기     [그림 6-31] 여러 개 자막 구간 설정

❺ 두 번째 자막을 삽입했다면 하단에 두 번째 자막 구간을 설정합니다. 자막을 삽입하고 여러 개의 자막 삽입 후 자막 구간을 설정할 수 있습니다. 자막 구간 설정이 완료되었다면 왼쪽 하단에 v 표시를 클릭 후 완료 버튼을 누르면 됩니다.

[그림 6-32] 영상 확인

[그림 6-33] 영상 업로드

❻ [미리보기] 영상으로 영상 확인 후 왼쪽 하단의 [다음] 버튼을 클릭하고 캡션에 영상에 대한 설명을 삽입 후 [공유하기] 버튼을 클릭합니다.

# 실습 08
## 똑같은 사람이 한 화면에 두 명 이상 나오는 영상

▶ 실습영상
https://youtube.com/shorts/_DslW_JkQRk?feature=share

짧은 영상을 보다 보면 한 화면에 똑같은 사람 두 명이 나오는 영상을 본적이 있을 겁니다. 이는 [캡컷] 앱을 활용하여 만드는 영상입니다.

❶ Play 스토어 또는 앱스토어에 [캡컷]을 다운로드합니다. 그리고 캡컷을 실행합니다.

❷ 핸드폰 하단의 여러 가지 카테고리를 확인할 수 있습니다. [편집]을 클릭 후 상단의 [새 프로젝트]를 클릭합니다.

[그림 6-34] 캡컷 다운로드

[그림 6-35] 새 프로젝트 클릭

[그림 6-36] 영상 선택

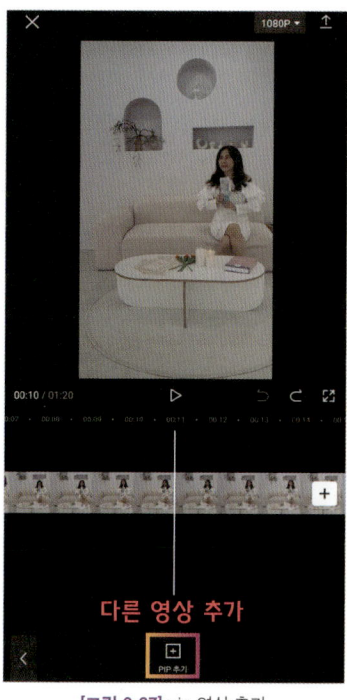

[그림 6-37] pip 영상 추가

❸ [새 프로젝트]를 클릭하면 [갤러리] 안의 나의 동영상 또는 사진을 확인할 수 있습니다. 영상을 선택 후 핸드폰 하단의 [추가] 버튼을 클릭합니다.

❹ 영상 하나를 가지고 왔다면 두 번째 영상을 추가합니다. 하단의 [오버레이] 클릭 후 pip 추가로 두 번째 영상을 갤러리에서 가지고 옵니다.

[그림 6-38] 두 개의 영상

[그림 6-39] 마스크 클릭

❺ 두 번째 영상을 가지고 왔다면 두 개의 레이어를 확인할 수 있습니다. 이제 두 개의 사진을 한 장으로 합쳐야 하는데 두 번째 레이어 사진을 클릭 후 하단의 [마스크]를 클릭합니다.

STEP6. 실습하기 165

 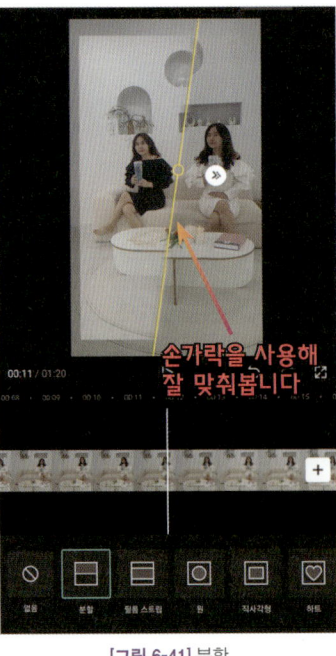

❻ [마스크]를 클릭하면 여러 가지 분할된 모형을 볼 수 있는데 처음에 나오는 [분할]을 클릭합니다. 노란색 선이 나타나는데 손가락으로 노락색 선을 조금씩 움직이면 두 개의 화면이 왼쪽과 오른쪽에 나타나는 모습을 확인할 수 있습니다. 분할을 완료한 후에 하단의 v 버튼을 클릭합니다.

[그림 6-40] 마스크 분할    [그림 6-41] 분할

❼ 한 화면에 똑같은 사람 두 번 나오기 두 번째 방법. 캡컷 기능에 [배경 제거] 기능이 있습니다. [배경 제거]를 사용하여 다양한 기능을 활용할 수 있습니다. 두 개의 영상에서 두 번째 레이어를 클릭 후 [배경 제거]를 클릭합니다. 배경 제거가 완료되면 두명의 사람을 확인할 수 있습니다.

[그림 6-42] 배경 제거 선택    [그림 6-43] 배경 제거    [그림 6-44] 배경 제거 완성

## 소품이 움직이는 영상 만들기

▶ 실습영상
https://youtube.com/shorts/LQm0XZuzmNI?feature=share

숏폼 영상에서 인형이 조금씩 움직이거나 사물을 움직여 완성한 영상들을 볼 때가 있습니다. 인형이나 꽃이 움직이는 영상은 사진 하나하나를 조금씩 촬영하여 만들 수 있습니다.

❶ 소품을 위치해 놓고 카메라 화면을 설정한 후 아주 조금씩 움직여가며 아래 사진처럼 사진을 한장한장씩 촬영합니다.

❷ 아주 조금씩 움직이는 사진을 촬영해야 하기 때문에 100장 정도 촬영을 합니다.

[그림 6-45] 제품 영상 촬영

[그림 6-46] 사진 한 장씩 촬영

STEP6. 실습하기 167

[그림 6-47] 여러 장의 사진

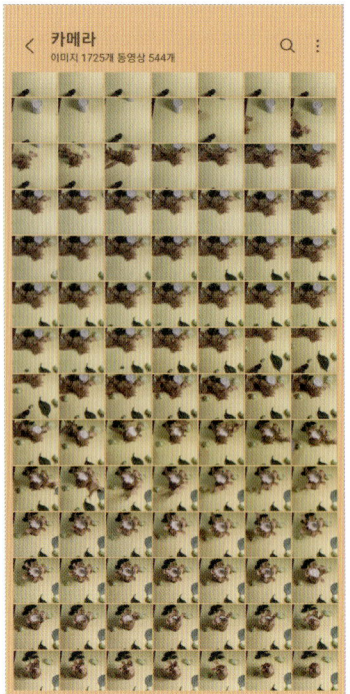

[그림 6-48] 여러 장의 사진 선택

❸ 사진 촬영이 완성 되었다면 캡컷 어플을 사용하여 소품이 움직이는 영상으로 만들어 보겠습니다. 캡컷을 실행하여 새 프로젝트를 클릭합니다.

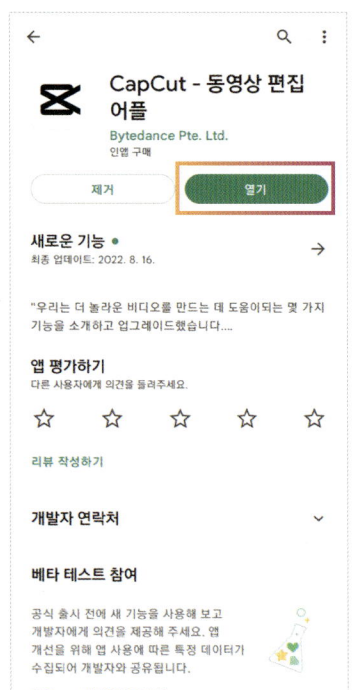

[그림 6-49] 캡컷 실행

[그림 6-50] 새 프로젝트

❹ 사진 한 장 한 장을 클릭하여 하단의 [추가] 버튼을 눌러줍니다.

❺ 조금씩 움직였던 사진이 영상으로 만들어진 걸 확인할 수 있습니다. 길이를 10초 이내로 편집해야 더 다이나믹한 효과를 볼 수 있기 때문에 오른쪽 상단의 내보내기를 하여 영상으로 만든 후에 "속도" 조절 편집을 사용하여 영상을 만들어보겠습니다.

❻ 오른쪽 상단의 [저장] 버튼을 클릭하여 내보내기 합니다. 갤러리에 영상으로 자동으로 저장됩니다.

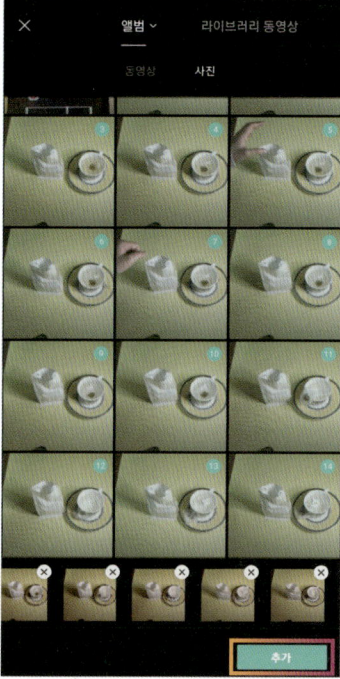

[그림 6-51] 새 프로젝트 클릭

[그림 6-52] 영상 내보내기

[그림 6-53] 영상 내보내기

❤ 여기서 잠깐

[그림 7-1]

스톱모션을 쉽게 만들수 있는 "Life Lapse Stop Motion Maker" 앱을 사용하여 제품이 저절로 움직이는 스톱모션 동영상을 쉽게 만드실수 있습니다.

**STEP6. 실습하기** 169

# 속도 빠르게 하기

❶ 영상에서 만들어진 사진은 [갤러리]에서 확인할 수 있습니다. 만들어진 영상을 [속도] 편집을 이용해 다이나믹한 영상으로 만들 수 있습니다.

캡컷을 사용하여 영상을 가지고 옵니다. 영상 레이어를 클릭한 뒤 하단에 여러 가지 편집 카테고리를 확인할 수 있습니다. 하단의 [속도]를 클릭합니다.

❷ [일반]은 영상이 동일한(일정한) 속도로 진행됩니다. [곡선]은 하나의 영상을 빠르게 또는 느리게 여러 가지 속도로 편집할 수 있습니다.

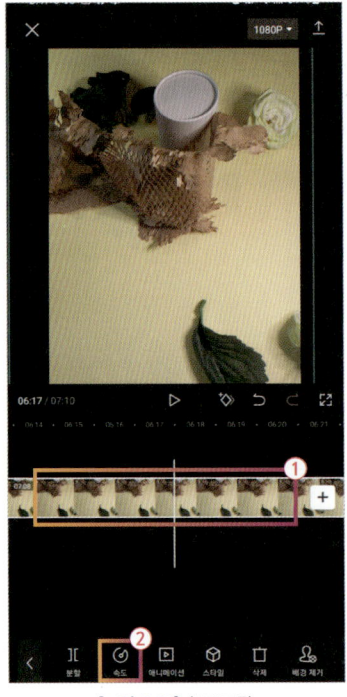

[그림 6-54] 속도 조절

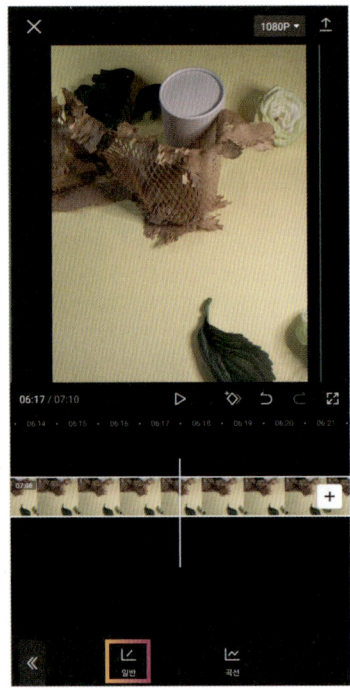

[그림 6-55] 일반 속도

❸ 1 이상이면 영상의 속도가 빠르게 만들어집니다. 1 이하는 속도가 느려지는 영상을 확인 할 수 있습니다. 2~3x 정도 속도로 조정하였습니다.

❹ 속도 조절을 완성한 후에 상단의 내보내기 버튼을 클릭하면 영상으로 만들어집니다.

[그림 6-56] 속도 조절 완성

## 실습 11 컴퓨터 안에 있는 제품 꺼내기

티비나 컴퓨터 안에 있는 제품을 밖으로 꺼내는 영상을 보신 적이 있을 겁니다. 화면 속에 있는 물건이 밖으로 나오는 영상은 마술처럼 재미있는데요. 릴스 앱에서 컷 편집을 활용하여 만들 수 있는 영상입니다. 두 개의 영상을 촬영하여 컷 편집으로 연결해 봅니다.

❶ 인스타그램 앱을 실행합니다.

❷ 인스타그램 홈으로 들어가서 [릴스]를 클릭합니다.

[그림 6-57] 인스타그램 앱 열기

[그림 6-58] 인스타그램 릴스

[그림 6-59] 릴스 영상 촬영

[그림 6-60] 릴스 영상 녹화

❸ 첫 번째 영상을 촬영합니다. 컴퓨터 화면 안의 꺼내고 싶은 바나나 우유를 마치 꺼내려고 하는 모습을 촬영합니다. 촬영 버튼을 클릭 후 3초 정도 영상 촬영을 합니다.

[그림 6-63] 클립수정

[그림 6-64] 컷 편집

❹ 두 번째 영상을 촬영합니다. 컴퓨터에서 바나나 우유를 꺼내는 모습을 촬영하기 위해 바나나 우유를 컴퓨터 화면 앞에 두고 촬영을 시작합니다.

❺ 영상 촬영이 완성되었다면 핸드폰 하단의 [클립 수정]을 클릭합니다. 촬영한 두 개의 영상을 확인할 수 있습니다. 첫 번째 영상을 클릭하면 컷 편집이 가능합니다. 첫 번째 영상을 클릭합니다.

[그림 6-63] 클립수정

[그림 6-64] 컷 편집

❻ 앞부분이나 뒷부분의 컷 편집이 가능합니다. 앞과 뒤를 움직여서 원하는 부분만 영상에 나타낼 수 있습니다. 편집이 완료되었다면 핸드폰 하단에 [모든 클립]을 클릭합니다.

❼ 두 번째 영상을 컷 편집합니다. 두 번째 영상을 클릭합니다.

[그림 6-65] 릴스 영상 컷 편집

[그림 6-66] 두 번째 영상 컷 편집

❽ 첫 번째 영상과 마찬가지로 앞과 뒤의 부분을 컷 편집합니다. 손가락을 이용하여 움직일 수 있습니다. 컴퓨터에서 바나나를 꺼내는 것처럼 영상이 자연스럽게 컷 편집되었는지 확인합니다. 영상이 완료되면 핸드폰 하단의 [모든 클립]을 클릭합니다.

❾ 영상이 완성되었는지 확인 후 핸드폰 하단의 [완료] 버튼을 클릭합니다.

[그림 6-67] 영상 컷 편집

[그림 6-68] 영상 편집 완료

# 자동 자막 삽입

영상을 만들다보면 자막을 삽입하는 경우가 많습니다. 자막 편집의 경우 자막을 하나하나 삽입해야 합니다. 그러다 보면 편집 시간이 오래 걸립니다. 캡컷 어플에서는 [자동 자막] 기능을 사용할 수 있습니다. 영상 내 인식된 음성을 추출하여 자동으로 자막이 삽입됩니다.

자동 자막 기능에 대해 알아보겠습니다.

❶ 캡컷 동영상 어플을 다운로드 받습니다.

❷ 편집에서 [새 프로젝트]를 클릭합니다.

[그림 6-69] 캡컷 자동 자막 삽입    [그림 6-70] 새 프로젝트

❸ 자동 자막을 편집할 영상을 가지고 옵니다. 핸드폰 하단의 [추가] 버튼을 클릭합니다.

❹ 핸드폰 하단의 [텍스트]를 클릭합니다.

[그림 6-71] 영상 가지고 오기

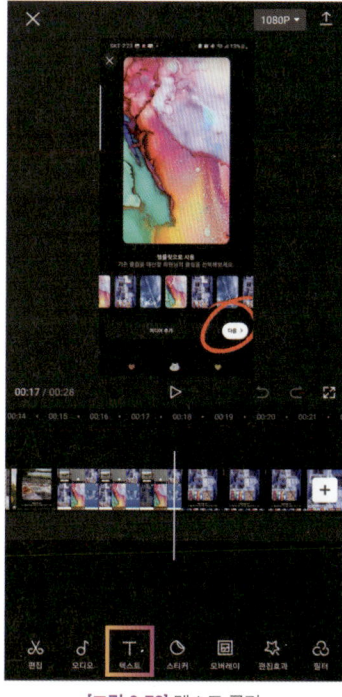

[그림 6-72] 텍스트 클릭

❺ [자동 캡션]을 클릭하면 영상의 자동 캡션이 시작됩니다.

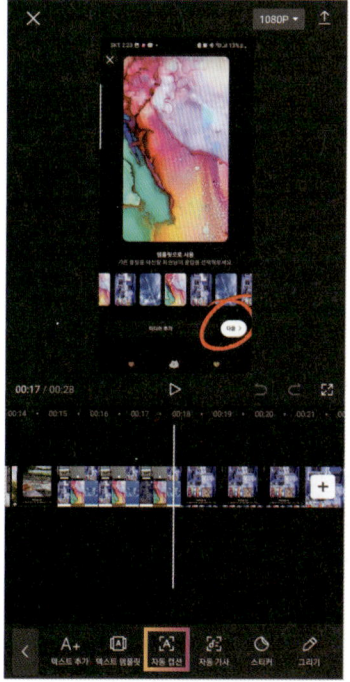

[그림 6-73] 자동 캡션 클릭

[그림 6-74] 오리지널 사운드

STEP6. 실습하기  177

❻ [자동 캡션 다는 중]표시가 나타나고 하단에 영상 [자막]이 나타납니다. 영상 길이에 따라 소요 시간이 걸릴 수 있습니다.

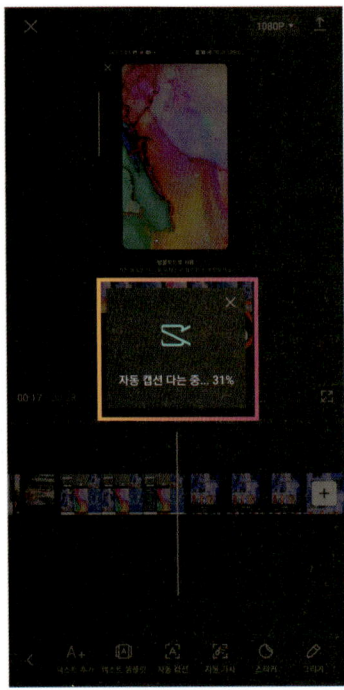

[그림 6-75] 자동 캡션 다는 중

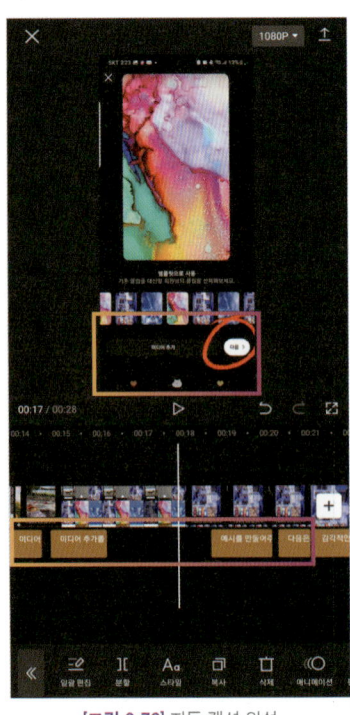

[그림 6-76] 자동 캡션 완성

❼ 자동 캡션이 완성된 후 자막을 확인합니다. 자막의 오류가 있는지 체크해 보고 연필 모양을 클릭하면 자막 수정이 가능합니다.

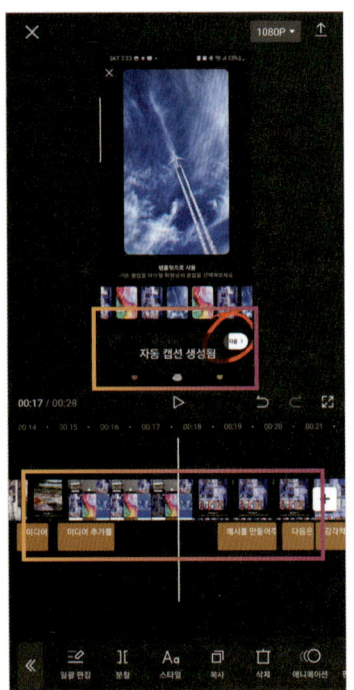

[그림 6-77] 자동 캡션 완성됨

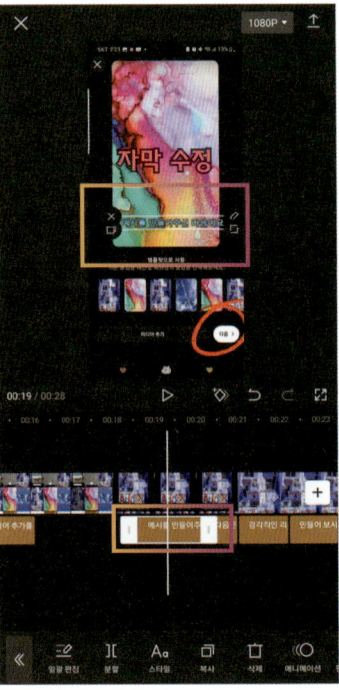

[그림 6-78] 자동 자막 폰트 수정

❽ 자막을 수정한 후에 폰트도 변경도 가능합니다. 폰트 변경 후 오른쪽의 v 표시를 눌러줍니다. 영상 확인 후 자막을 확인해 봅니다. 영상이 완성되면 오른쪽 상단의 내보내기 버튼을 클릭 후 인스타그램 릴스로 업로드합니다.

[그림 6-79] 자동 자막 폰트 변경

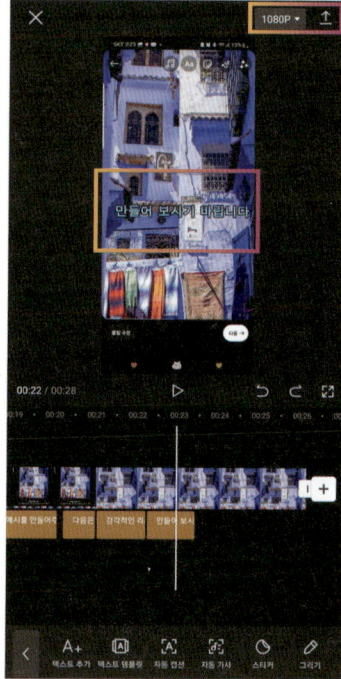

[그림 6-80] 자동 자막 폰트 완성

# 릴스 템플릿

인스타그램 [앱]에서 템플릿 기능으로 영상이 음악 비트에 맞춰 편집되는 영상입니다. 나만의 동영상 삽입만으로 감각적인 동영상을 완성하실수 있습니다. 인스타그램 템플릿 기능에 대해 알아보겠습니다.

❶ 릴스 버튼을 클릭 후 [템플릿] 버튼을 클릭합니다.

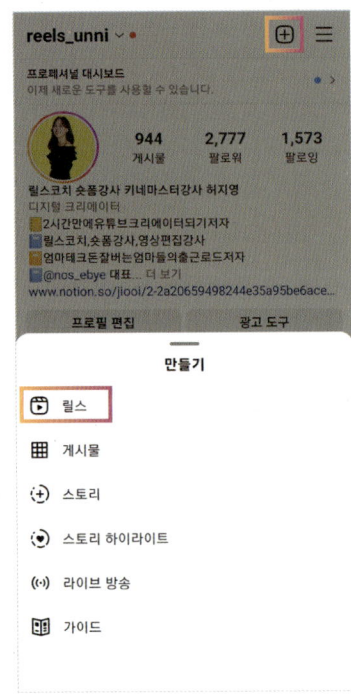

[그림 6-81] 릴스 템플릿

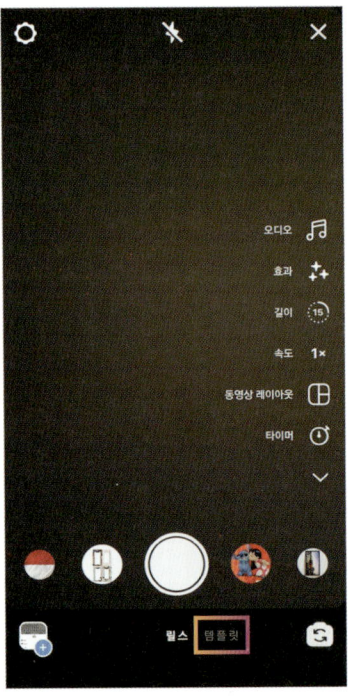

[그림 6-82] 릴스 템플릿 시작

❷ 템플릿으로 활용할 수 있는 여러 가지 템플릿을 확인할 수 있습니다. 손가락을 오른쪽으로넘겨서 여러 가지 템플릿을 확인 후 템플릿을 선택합니다. 핸드폰 하단의 [템플릿 사용]을 클릭합니다. 그리고 갤러리에서 나의 영상을 업로드합니다.

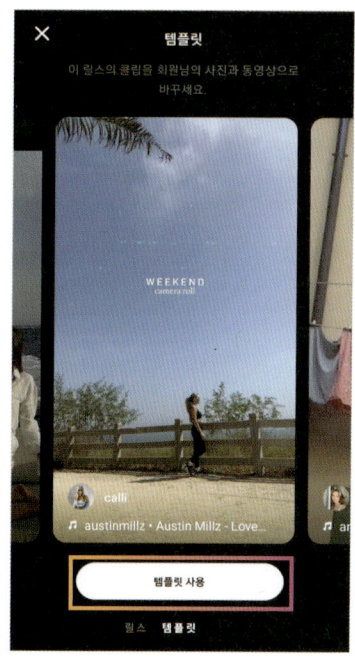

[그림 6-83] 템플릿 사용

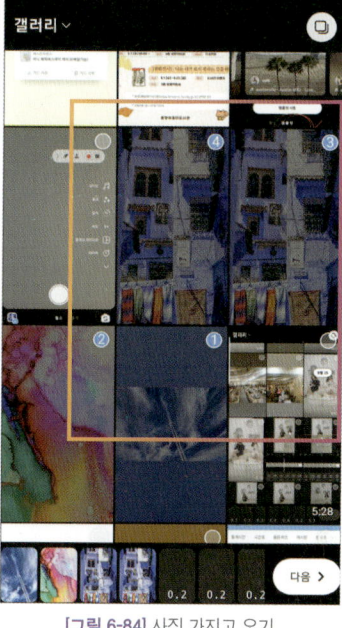

[그림 6-84] 사진 가지고 오기

❸ 나의 영상으로 변경 후 영상을 확인합니다. 하단의 [다음]을 클릭합니다.

❹ 영상이 나타나면 영상에서 수정할 부분이 있으면 [클립 수정]을 눌러 영상을 교체하거나 삭제할 수 있습니다. 영상이 완성되면 [다음] 버튼을 클릭합니다.

❺ 인스타그램 릴스에 영상을 업로드합니다.

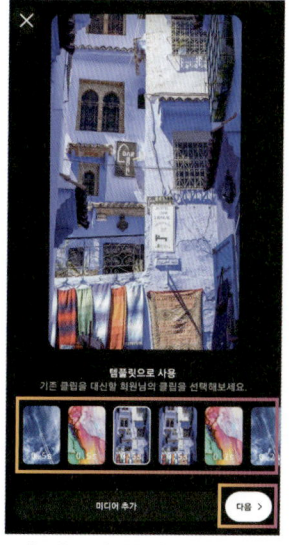

[그림 6-85] 템플릿 미디어 추가

[그림 6-86] 템플릿 영상 완성

[그림 6-87] 릴스 업로드

# 실습 14 릴스 화면 전환

인스타그램 릴스 앱에서 [화면 전환] 기능으로 영상과 영상 사이에 화면 전환을 삽입하여 감각적인 영상을 만들 수 있습니다.

❶ [릴스]를 클릭합니다.

❷ 갤러리에서 나의 영상을 가지고 오거나 영상을 바로 촬영할 수 있습니다. 영상을 촬영 후 또는 갤러리에서 나의 영상을 가지고 와서 핸드폰 하단의 [클립 수정]을 누릅니다.

[그림 6-88] 릴스 화면 전환

[그림 6-89] 릴스 전환 효과 시작

[그림 6-90] 클립 수정

[그림 6-91] 전환 클릭

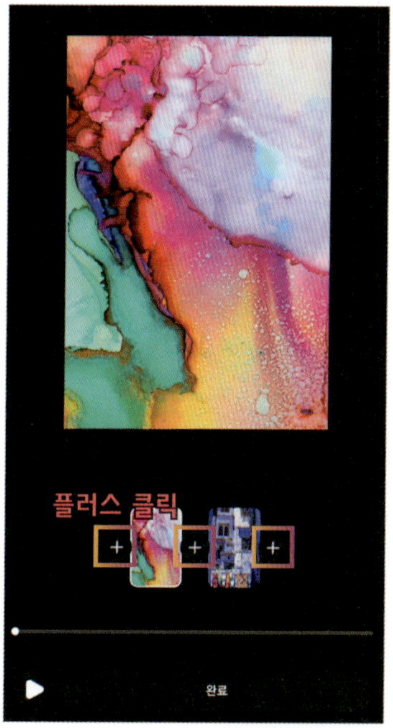

❸ 핸드폰 하단의 [전환]을 클릭하시면 영상과 영상 사이에 [전환]이 가능합니다.

❹ [+] 버튼을 클릭하면 여러 가지 화면 전환의 모양을 확인할 수 있습니다. 나의 영상에 맞는 [전환]을 선택합니다. 핸드폰 하단의 [완료] 버튼을 클릭합니다.

[그림 6-92] [+] 버튼 클릭

[그림 6-93] 전환 선택

[그림 6-94] 전환 선택

❺ 두 번째 영상도 [전환] 적용 후 핸드폰 하단의 [완료] 버튼을 누릅니다.

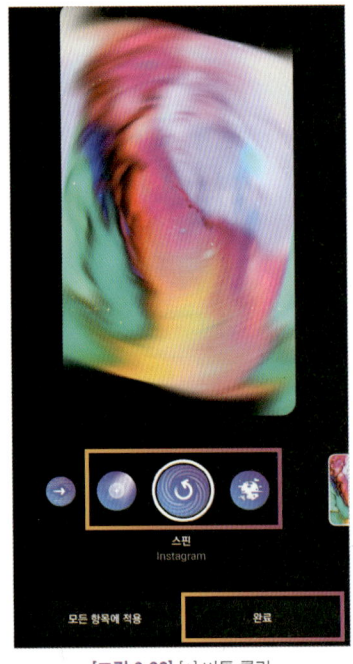

[그림 6-92] [+] 버튼 클릭

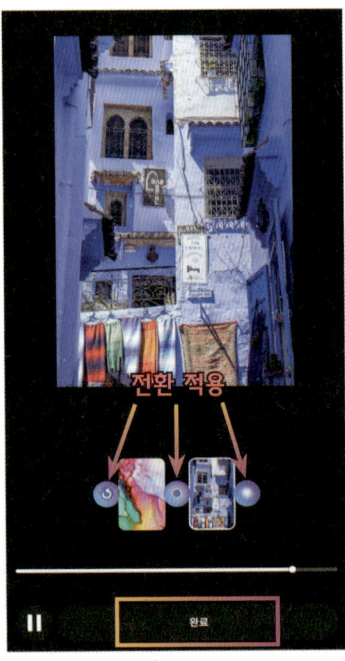

[그림 6-93] 전환 선택

❻ 완성된 영상을 확인할 수 있습니다. 영상이 완료되면 핸드폰 하단의 [다음] 버튼을 누릅니다.

[그림 6-97] 전환 완료

[그림 6-98] 영상 완료

[그림 6-99] 전환완료 릴스 업로드

# 실습 15
# 인스타그램 릴스 [배치] 기능

▶ 실습영상
https://youtu.be/xyht2kB1AAY

인스타그램 릴스에서 하얀 화면에서 갑자기 완성된 그림이 나타나는 영상을 보신 적이 있을 텐데, 마치 마술처럼 느껴져서 신기하게 생각되는 영상입니다. 그림을 움직이지 않고 그 자리에서 바로 촬영할 수 있는 것은 인스타그램 릴스의 [배치] 기능을 통해 가능합니다. 인스타그램 [배치] 기능에 대해 알아보겠습니다.

❶ 프로필 홈에 들어가서 인스타그램 [릴스] 버튼을 클릭합니다.

❷ 첫 번째 촬영할 영상을 준비하고 카메라 촬영 버튼을 눌러 영상을 촬영합니다.

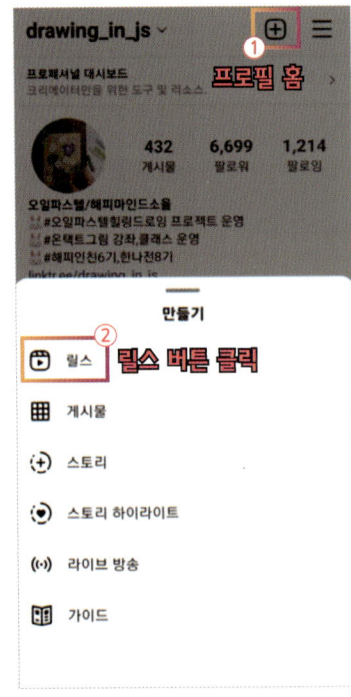

[그림 6-100] 인스타그램 배치 기능

[그림 6-101] 첫 번째 영상 촬영

[그림 6-102] 영상 촬영 중

[그림 6-103] 배치 기능

❸ 첫 번째 영상을 촬영하고 나면 왼쪽 카테고리에 [배치] 기능이 생성됩니다. ([배치] 기능은 첫 번째 영상을 촬영한 뒤에만 나타나니 유의해주시길 바랍니다.)

❹ [배치] 기능을 눌러줍니다.

[그림 6-104] 두 번째 영상 촬영

[그림 6-105] 두 번째 영상 배치

❺ [배치] 기능을 클릭하면 반투명 화면으로 첫 번째 촬영을 했던 영상이 나타납니다. 화면을 참고하여 두 번째 촬영할 영상을 맞춰줍니다.

STEP6. 실습하기 187

❻ 두 번째 촬영할 그림을 첫 번째 [배치] 화면에 맞춰서 놓아줍니다. 그리고 두 번째 영상을 촬영합니다.

[그림 6-106] 두 번째 영상 촬영

❼ 두 개의 장면의 촬영이 끝나면 영상을 확인하고 핸드폰 하단의 [다음] 버튼을 눌러준 후 릴스 영상을 업로드합니다.

[그림 6-107] 영상 완성

## ♥ 릴스 [배치] 요약해서 보기

❶ 첫 번째 영상을 촬영합니다. 첫 번째 영상을 촬영하면 오른쪽 카테고리에 [배치] 기능이 생깁니다.

❷ 첫 번째 영상이 반투명 영상으로 나타나면 두 번째 영상을 맞춰서 촬영합니다.

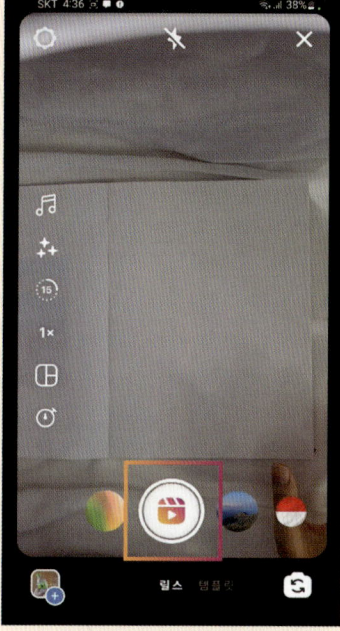

[그림 6-108] 정렬 배치 요약

[그림 6-109] 정렬 배치 기능

[그림 6-110] 배치 기능 완성

[그림 6-111] 영상 업로드 완성

# 나의 인스타그램 주소 삽입하기

인스타그램 릴스 영상 마지막에 나의 이름을 브랜딩 할 수 있도록 명함을 삽입할 수 있는 기능이 있어 마케팅할 때 더 도움이 될 수 있습니다. 이 기능에 대해 알아 보겠습니다.

아래와 같은 문구를 영상 마지막에 삽입하여 나를 브랜딩해 보시기 바랍니다.

[그림 6-112] 인스타그램 라벨

[그림 6-113] 블로 앱 다운로드

[그림 6-114] 블로 앱

❶ 블로 앱을 다운로드합니다. 앱스토어나 Play 스토어에 "블로" 또는 "vllo"라고 검색합니다.

Vllo앱을 다운로드받습니다. [다운로드] 후 [사용] 버튼을 눌러줍니다.

[그림 6-115] 새 프로젝트

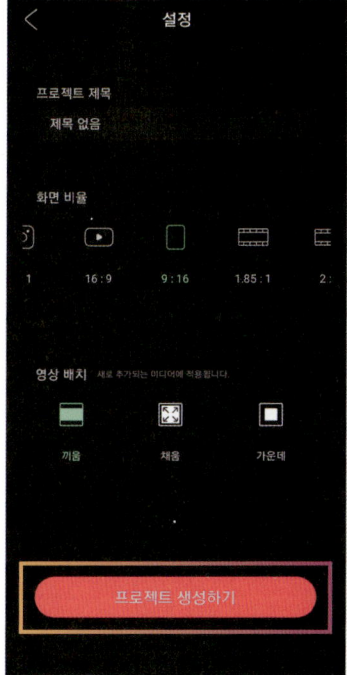

[그림 6-116] 프로젝트 생성하기

❷ 핸드폰 하단의 [새 프로젝트]를 클릭합니다.

❸ [9 : 16] 선택 후 [프로젝트 생성하기]를 눌러줍니다.

STEP6. 실습하기  191

❹ 갤러리에서 편집할 영상을 가지고 옵니다. 핸드폰 하단의 [글자] 버튼을 클릭한 뒤 왼쪽의 [라벨] 버튼을 클릭합니다.

[그림 6-117] 글자 클릭

[그림 6-118] 라벨 클릭

❺ [라벨] 버튼을 눌러주면 여러 가지 카테고리가 나타나는데 그중 [SNS]를 눌러주면 유튜브나 네이버, 인스타그램 등 다양한 라벨이 나옵니다. 인스타그램을 클릭합니다.

❻ 인스타그램 라벨에 내가 브랜딩하고 문구를 입력합니다. 문구 수정 후 핸드폰 상단의 [추출하기] 버튼을 클릭하면 영상으로 저장이 됩니다.

[그림 6-119] 인스타그램 라벨

[그림 6-120] 인스타그램 라벨

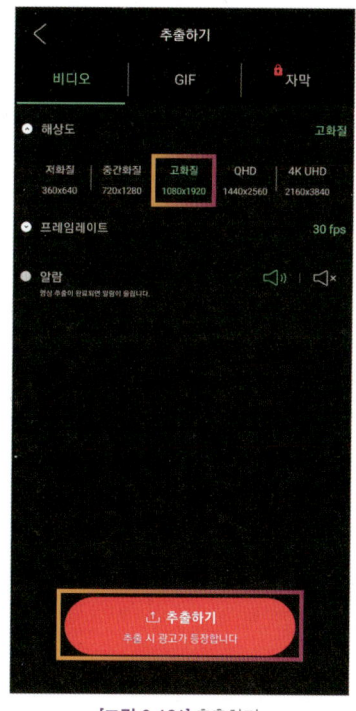
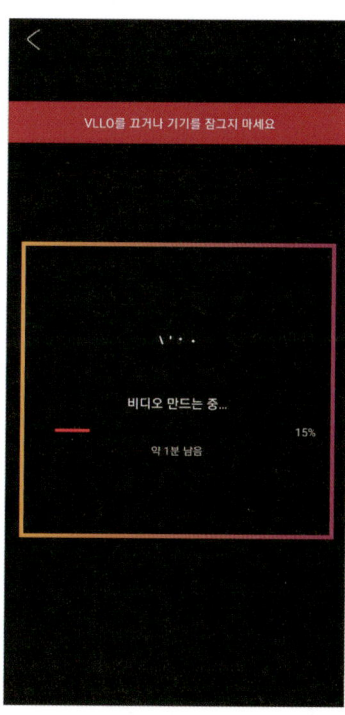

❼ 고화질을 클릭 후 핸드폰 하단에 [추출 하기] 버튼을 눌러줍니다. 영상이 완성되면 [저장 완료]를 확인합니다.

❽ 영상에서 인스타그램 라벨을 삽입하여 브랜딩한 영상을 확인할 수 있습니다.

[그림 6-121] 추출하기    [그림 6-122] 갤러리 저장

[그림 6-123] 저장 완료    [그림 6-124] 인스타그램

STEP6. 실습하기  193

> ♥ 릴스 [배치] 요약해서 보기

인스타그램 릴스의 인사이트 분석으로 내가 업로드한 릴스의 반응도를 확인할 수 있으며 이는 더 나은 콘텐츠를 만들기 위해 확인해야 하는 과정입니다. 인스타그램 릴스 인사이트를 확인하기 위해 릴스 화면을 선택합니다.

① 오른쪽의 점 세 개 버튼을 눌러줍니다.
② [인사이트 조회]를 클릭합니다.

[그림 6-125] 인사이트 확인   [그림 6-126] 인사이트 확인

## 1. 조회수

조회수를 통해 나의 릴스가 얼마나 많은 사람들에게 전달되었는지 볼 수 있습니다. 조회수는 노출과 도달의 개념입니다. 도달은 내 릴스가 몇 명에게 전달되었는지 알 수 있으며 노출은 내 릴스가 몇 번이나 재생되었는지를 나타냅니다. 노출 횟수가 도달보다 많다면 한 명이 여러 번 보았다는 의미입니다.

## 2. 좋아요

"좋아요"는 팔로워들의 공감의 의미입니다. 예전에는 "좋아요"의 숫자로 공감의 척도를 확인할 수 있었는데 이제는 "여러 명이 좋아합니다"라는 표시로 "좋아요"의 정도를 확인할 수 있도록 변경되었습니다. 따라서 인스타그램 알고리즘에서 "좋아요"의 노출보다 "댓글"이나 "저장"의 횟수가 더 중요해졌습니다.

## 3. 댓글

댓글을 통해 팔로워들과 긴밀하게 소통할 수 있고 질문과 피드백을 받을 수 있습니다. 그리고 이를 통해 팔로워들이 궁금해 하고 공감하는 부분을 확인할 수 있습니다. 많이 노출된 릴스는 댓글로 친구들을 소환하여 이야기할 수 있는 공간으로 사용되어 더 많은 잠재 팔로워를 늘릴 수 있습니다.

### 4. 공유

공유가 많이 될수록 많은 사람들에게 노출되었다는 의미입니다.

### 5. 저장

인스타그램 릴스 알고리즘에서 [저장]이 많이 된 피드나 릴스 영상을 노출해 주고 있습니다. 보통 나중에 다시 한 번 읽어보고 적용하고 싶은 피드나 영상을 "저장"하는데, 주로 동기부여 글이나 자기 계발, 유익한 정보 등이 이에 해당합니다.

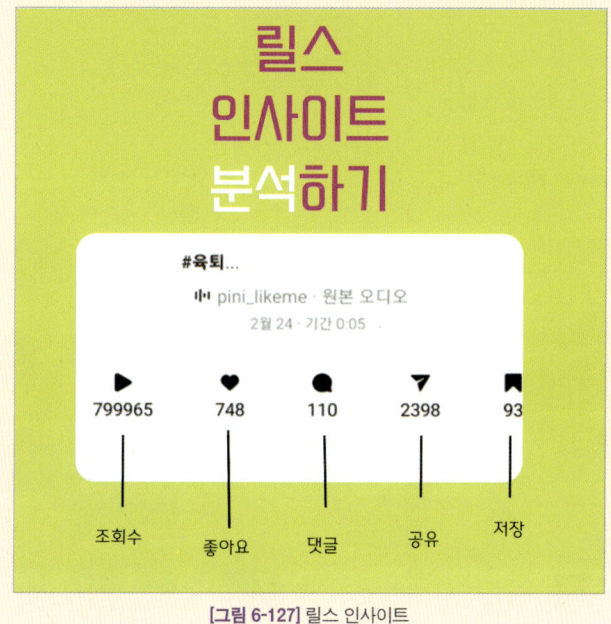

[그림 6-127] 릴스 인사이트

### ♥ 정보성 릴스하는 방법(제품 릴스 포함)

**• 나의 릴스 콘텐츠 방향 찾기**

인스타그램 릴스 콘텐츠를 만들 때 내가 가지고 있는 정보의 노하우를 담아 다양하게 만든다면 감각적이고 매력적인 영상을 담을 수 있습니다. 사진으로 정적으로 보였던 영상을 담는 것만으로 영상이 새롭게 다가올 수 있습니다. 음식을 만들 때 음식이 완성된 영상보다는 음식을 만드는 과정을 담고 꽃이 오래 피는 노하우, 집 안에서 정리하는 노하우 또는 세탁기 청소하는 방법 등 일상에서 궁금한 부분들의 정보를 릴스로 만들수 있습니다. 15초의 영상 안에 모든 의미를 담기보다 한 가지 질문만 던져서 설명으로 답을 주는 것도 좋은 방법입니다.

**• 정보성 릴스 예시**

① 자세 교정을 알려주는 릴스
② 꽃의 정보를 주는 릴스
③ 요리 정보를 주는 릴스
④ 수학 정보를 주는 릴스
⑤ 인스타그램 튜토리얼을 알려주는 릴스

[그림 6-128] 정보 릴스 예시

[그림 6-129] 꽃에 대한 정보를 주는 릴스

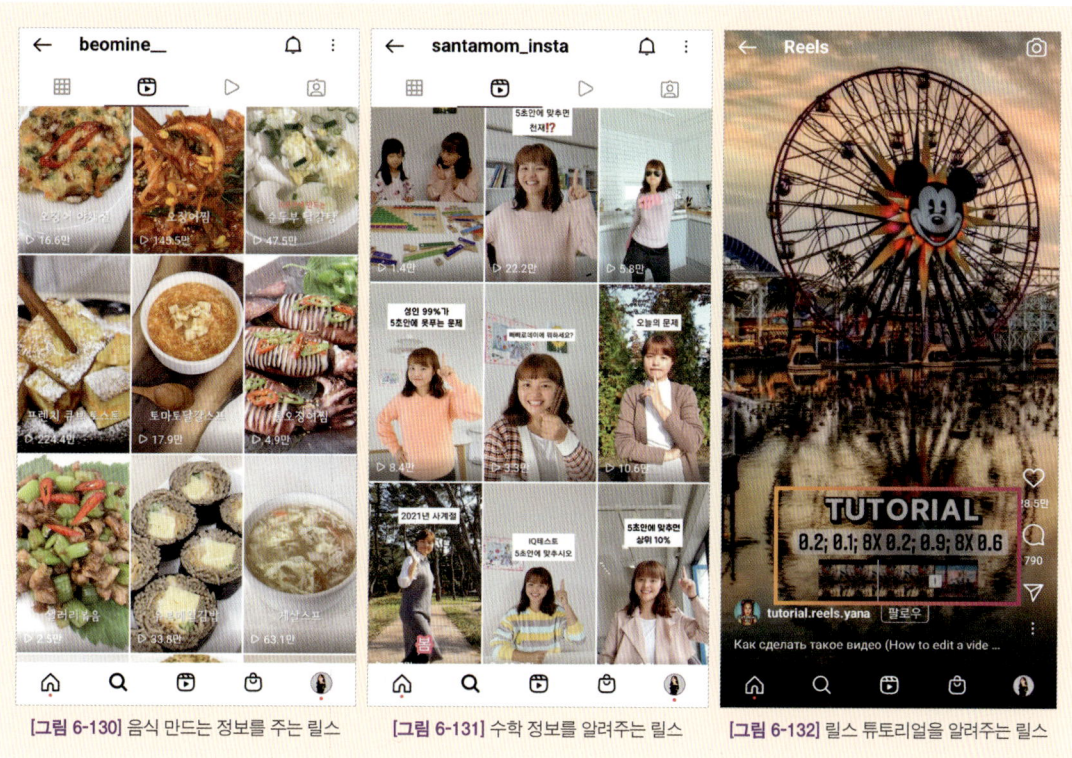

[그림 6-130] 음식 만드는 정보를 주는 릴스

[그림 6-131] 수학 정보를 알려주는 릴스

[그림 6-132] 릴스 튜토리얼을 알려주는 릴스

# 인스타그램 릴스마케팅
단기간에 팔로워를 늘릴 수 있는 숏폼 제작 노하우

| | |
|---|---|
| 출간일 | 2023년 6월 23일 ㅣ 1판 2쇄 |
| 지은이 | 허지영 |
| 펴낸이 | 김범준 |
| 기획·책임편집 | 임민정, 유명한 |
| 교정교열 | 양은하 |
| 편집디자인 | 나은경 |
| 표지디자인 | 구월디자인 |
| | |
| 발행처 | (주)비제이퍼블릭 |
| 출판신고 | 2009년 05월 01일 제300-2009-38호 |
| 주소 | 서울시 중구 청계천로 100 시그니처타워 서관 9층 949호 |
| 주문·문의 | 02-739-0739     팩스   02-6442-0739 |
| 홈페이지 | http://bjpublic.co.kr     이메일   bjpublic@bjpublic.co.kr |
| | |
| 가 격 | 16,500원 |
| ISBN | 979-11-6592-226-9 |

한국어판 © 2023 (주)비제이퍼블릭

이 책은 저작권법에 따라 보호받는 저작물이므로 무단 전재와 무단 복제를 금지하며,
내용의 전부 또는 일부를 이용하려면 반드시 저작권자와 (주)비제이퍼블릭의 서면 동의를 받아야 합니다.

 이 책을 저작권자의 허락 없이 **무단 복제 및 전재(복사, 스캔, PDF 파일 공유)하는 행위**는 모두 저작권법 위반입니다. 저작권법 제136조에 따라 **5년** 이하의 징역 또는 **5천만 원** 이하의 벌금을 부과할 수 있습니다. 무단 게재나 불법 스캔본 등을 발견하면 출판사나 한국저작권보호원에 신고해 주십시오(불법 복제 신고 https://copy112.kcopa.or.kr).

잘못된 책은 구입하신 서점에서 교환해드립니다.